課題解決型
マーケティング・リサーチ
基礎 編

MARKETING RESEARCH

近藤光雄／島崎哲彦／大竹延幸

編著

生産性出版

はじめに

　「マーケティング・リサーチ」と「マーケティング」の関係は不可分であり、マーケティング・リサーチの実践にあたっては、その前提であるマーケティングに精通する必要がある。
　「マーケティング」という概念は、1950年代前半に日本に導入された。導入初期はそのほとんどがアメリカからの直輸入であり、日本への翻訳であった。その後日本産業界の世界的規模での成長と発展を経て、今日では日本独自な考え方や顧客マネジメントの方法、ビジネスモデルの構築など多方面で日本初のマーケティング論や技術が展開されている。
　したがって、この半世紀は多くの日本企業が労力を重ね、「マーケティング」が経営にとって真に役立つ理論、哲学、技法として、知識、知恵、知力を蓄えた時期である。
　しかし、この間の経済成長に伴う環境変化はあまりにも急激で、これまでの社会システムが機能不全に陥った。今日の日本企業や日本市場の置かれている立場を一言でいえば、「成熟市場下でのマーケティングの展開」と言える。すなわち、画一化した大量生産、大量消費、大量廃棄を基本に置いた発想と技術が成熟化したことによって通用しなくなり、カテゴリーNo.1を目標に、企業の巨大化、寡占化を目指すワンパターンのマス・マーケティングの時代は終わろうとしている。
　成熟市場の特徴は「高質化」と「多様化」にあり、前者は質の追求であり、後者はS（セグメント）、T（ターゲット）、P（ポジショニング）をどう考えるかの問題である。多くの市場での今日的アプローチは、当該市場を自社独自のモノサシでくくり（セグメンテーション）、そのセグメントされた市場の幾つかをターゲットと定め、その中でどんな位置付け（ポジショニング）を占めるかが基本のマーケティング・スタンスとなっている。もちろん、経営の核に「顧客」を置いていることは言う

までもない。顧客なくして企業の存在と成長は成り立たず、これは、企業の普遍的命題であり、「顧客志向」はマーケティングの永遠に変わらぬ思想哲学である。

　少なくとも、高度成長を遂げた現在の日本の消費者は安いだけでは同じ商品を買い続けることはない。生活者の消費意識・態度・行動も、また、その背景にある生活価値観も多様化し、それらを的確に捉えたマーケティング展開が希求されている。

　これらを整理すると、21世紀のマーケティングは、「将来を見据えた大きな『アンビション』の下、経営の中心に『顧客』を置き、政策を『スピーディ』に計画、実行するプロセス」と定義され、「競争優位の確立」と「顧客満足の実現」の両立が求められる。他社との競争に勝っても顧客からの支持（満足）が得られなければ今日的勝利とは言えない。その意味で顧客満足を向上させ続ける「絶対的優位の追求」が最重点課題となってくる。

　一方、経営の意思決定はますますスピードが求められ、一瞬の意思決定の遅れが多大な損失を生むことも稀ではない。リスクを軽減し、最大の利益を確保する、正しい意思決定をするためには多様な情報が不可欠であり、情報格差が企業格差を生む時代と言っても過言ではない。

　このように、マーケティング・パラダイムが変貌する中で、その戦略展開に具体的示唆を与えるマーケティング・リサーチの役割はますます重要となっており、市場と顧客のニーズに応える真に役立つマーケティング・リサーチの実現が重要となっている。"市場の声を聞く"、"顧客の声を聞く"はマーケティング活動の原点であり、これなくしてマーケティング戦略も具体的展開策も立案することはできない。すなわち、マーケティング活動をより効果的に推進するためには、マーケティング・リサーチは不可欠である。特に、マーケティング・リサーチのスピード要求は年々厳しくなっており、企画から実査・分析・報告までの一連のプロセスでの時間短縮の仕掛け開発は日常的なリサーチ課題である。

　本来、マーケティング・リサーチをより効果的に実施するためには、

企業側におけるマーケティングのあり方を研究する機能と、そのための素材としての情報を収集・加工する機能の両者が有機的に結びついて、はじめて貢献することができる。単に必要に応じて情報を集めても、前者の機能が企業側に欠けていれば、それは一時的な意思決定には役立っても、企業としてのノウハウの蓄積、ノルム値の構築には結びつかない。マーケティング・リサーチをマーケティング活動の中に、正しく位置付け、マーケティングの意思決定に役立てることが肝要である。

その意味で、マーケティング・リサーチは、あくまでも目的対応であり、活用システムがない企業では、十分にその役割を発揮できない。今日、マーケティング・リサーチの守備範囲は、個別マーケティング戦略の企画・立案・実施・解析にとどまらず、経営全般の意思決定に役立つレベルまで高めることが要求されている。そして、企業の抱えるマーケティング課題は多方面に拡大している。したがって、それらの課題に対応するリサーチ・システムを体系的に整備し、最適なリサーチ・デザインに基づくリサーチの実施と結果に基づく提案ができたとき、はじめてマーケティング・リサーチは有効に機能する。

今日的マーケティング・リサーチはあくまでも「マーケティング課題解決の手段」であり、経営の意思決定に役立つリサーチでなければならない。限られた予算と日程の中で、いかに効率よくマーケティング・リサーチを実施するか、それには、マーケティングおよびマーケティング・リサーチに関する知見と技術が必要である。

マーケティング・リサーチの実践にあたっては、理論と技術が必要であり、理論だけでの理解には限界がある。実際に課題を整理し、調査設計を考え、調査票を作成し、実査の実施、得られた情報の集計・分析という一連の流れは、実践を通じて学ぶことが重要である。

そこで、本書では課題解決型マーケティング・リサーチを学ぶに際し、具体的なマーケティング課題を設定し、それにどのような考え方・アプローチで設計し、実施し、得られた結果をどんな知見や提案に結び付けたのかを具体的な事例で示すことを意図した。書籍化するにあたり、本

書『課題解決型マーケティング・リサーチ〔基礎編〕』と『課題解決型マーケティング・リサーチ〔事例編〕』の2分冊とし、2冊セットで全体をカバーすることとした。後者で取り上げた事例は、一部企業の協力を仰いだが、すべて本書のために実際の市場を想定し、オリジナルに設定した調査課題である。実施、執筆に際しては現在、マーケティング・リサーチ業に従事する専門家があたった。

　本書『課題解決型マーケティング・リサーチ〔基礎編〕』は、マーケティング・リサーチを実施するときに必要な基本的な知識と実際の進め方や留意点について、執筆者の長年の実務経験をもとにわかりやすく整理したものである。調査の設計から実施、集計、評価・分析まで、最低限必要な統計的知識とともに実務に即して解説しているので、実際にマーケティング・リサーチを行う際には傍に置いて使ってほしい。また、急増しているインターネット・リサーチの特徴、インターネット・リサーチの定性調査や定量調査への活用、さらに今後のマーケティング・リサーチのあり方についても解説している。

　『課題解決型マーケティング・リサーチ〔事例編〕』では、主要マーケティング課題を取り上げ、それらの課題にどう対応したか、その結果、どんな知見が得られたかを具体的事例としてまとめた。2冊併せてご利用いただくことを勧めたい。

　マーケティング・リサーチを仕事で活用される企業の方、学業として学ばれる方など、体系的、かつ実践的に学びたい幅広い分野の方々に本書および〔事例編〕が役立つことを願っています。

2008年8月

執筆者を代表して　　近　藤　光　雄

課題解決型マーケティング・リサーチ〔基礎編〕／目次

はじめに

第Ⅰ章　マーケティング・リサーチの役割　3

1．マーケティングの定義　3
【1】顧客満足と企業利益の創造　4
2．成熟市場のマーケティング　5
【1】成熟の意味とマーケット・セグメンテーション戦略　6
3．マーケティングの諸局面におけるマーケティング・リサーチの役割　8
【1】マーケティングにおけるマーケティング・リサーチの意味　9
【2】マーケティング・リサーチは変化への対応　10
【3】マーケティング・リサーチは時間との戦い　13

第Ⅱ章　マーケティング・リサーチの手順と基本設計　15

1．調査手法の分類　15
2．マーケティング・リサーチの一般的手順　17
3．マーケティング・リサーチの設計　20
【1】仮説と調査項目　20
【2】調査地域の設計　21
【3】調査スケジュールと調査実施時期の設計　23
【4】調査主体　28
4．マーケティング・リサーチのマネジメントと国際標準化　28

第Ⅲ章 定量的手法の概説　　31

1．定量的手法の種類と特徴　　31
　【1】面接調査　32
　【2】留め置き調査　33
　【3】郵送調査　34
　【4】電話調査　36
　【5】パネル調査　37

2．標本抽出と推計　　38
　【1】母集団と標本　38
　【2】確率抽出法　39
　【3】確率比例2段抽出法　41
　【4】割当抽出法　42
　【5】メッシュ法　45
　【6】多段抽出法　45
　【7】層化抽出法　46
　【8】等確率抽出法　47
　【9】タイム・サンプリング　48
　【10】RDD法　48
　【11】標本誤差　49
　【12】予備標本の使用　53

3．調査票の設計　　54
　【1】調査票作成の一般的手順　54
　【2】調査票作成時の留意事項　55
　【3】質問文・回答選択肢の設計　57
　【4】回答形式の設計　63
　【5】尺　度　68
　【6】その他の調査票記載事項　70
　【7】プリ・テスト　71

4. 調査の実施 ――――――――――――――――――――――――72
   【1】調査実施の一般的手順　72
   【2】調査環境上の問題点　74
   【3】回収率と推計　75
5. 集　　計 ――――――――――――――――――――――――76
   【1】集計作業の一般的手順　76
   【2】集計計画の立案　77
   【3】調査票のエディティング　78
   【4】コーディング　79
   【5】データ入力　80
   【6】データ・クリーニング　81
   【7】単純集計と統計量の算出　82
   【8】クロス集計と統計量の算出　82
   【9】欠損値の処理　83

第Ⅳ章　インターネット・リサーチの特徴と活用　85

1. インターネットの普及とインターネット・リサーチの特徴――85
2. インターネット・リサーチの種類 ――――――――――――89
   【1】定量調査的な活用：クローズド方式　89
   【2】定量調査的な活用：オープン方式　89
   【3】定性調査的な活用：掲示板・ブログ方式　90
   【4】定性調査的な活用：座談会方式　91
3. インターネット・リサーチの今後 ――――――――――――91

第Ⅴ章　実験調査法と評価技法の概説　95

1. 実験調査法 ―――――――――――――――――――――――96

2. 評価技法 ——————————————————————100
【1】用語としての官能評価　101
【2】分析型官能評価と嗜好型官能評価　102
【3】官能評価とは　102
【4】感覚による錯誤の統制（心理的・生理的効果とその統制）　104
【5】テスト品の提示方法　108
【6】テスト（実験）・デザイン　110
【7】テスト品の使わせ方とパネルの割り付け方法　113
【8】オープンテストとブラインドテスト　115
【9】テスト方法　116
【10】評価方法　116
【11】絶対評価と相対評価　119
【12】閾値とその測定法　120
【13】モニターテスト実施にあたってのチェック・ポイント　121

第Ⅵ章 データ分析の方法　123

1. 分布の中心的傾向を表す測度（分布の代表値） ——————123
【1】算術平均（平均値）　123
【2】中央値（メディアン）　124
【3】最頻値（モード）　124

2. 分布の散らばりを表す測度（分散と標準偏差） ——————125

3. 2変数間の関連の分析 ——————————————————125
【1】相関係数（ピアソンの積率相関係数）　125
【2】連関係数　126
【3】順位相関係数　127

4. 統計的仮説検定 ————————————————————128
【1】統計的仮説検定の考え方　128
【2】帰無仮説と対立仮説　129

【3】有意水準　　129
　　　【4】第一種の過誤と第二種の過誤　　130
　　　【5】パネル対応のあり、なし　　130
　　　【6】両側検定、片側検定　　130
　　　【7】自由度　　131
5．検定方法 ──────────────────────────── 132
　　　【1】選択法　　133
　　　【2】評定法・得点法（数量型自由回答）　　141
6．多変量解析法 ───────────────────────── 155
　　　【1】多変量解析法　　155
　　　【2】データの相と元　　156
　　　【3】構造分析　　157
　　　【4】分　　類　　161
　　　【5】予測・要因分析　　163
　　　【6】共分散構造分析　　170

第Ⅶ章　今後のマーケティング・リサーチ　　175

1．調査機関への発注が2極化 ──────────────── 175
2．リサーチ業界の動向 ────────────────── 179
3．リサーチ業界の自主規制 ───────────────── 181
4．マーケティング・リサーチと法規制 ─────────── 182
5．調査業界の環境変化と今後の展望 ────────────── 184

参考文献　　187
索　　引　　191

課題解決型マーケティング・リサーチ〔事例編〕／目次

- 第Ⅰ章　マーケティング課題へのリサーチ手法の適応
- 第Ⅱ章　消費者ニーズ把握のための調査
  　　　　——携帯電話の消費者ニーズ調査
- 第Ⅲ章　アイディア探索・コンセプト構築のための調査
  　　　　——緑茶飲料のニーズ探索調査
- 第Ⅳ章　製品コンセプト開発のための調査
  　　　　——即席カップスープのコンセプト評価調査
- 第Ⅴ章　新製品のプロダクトテスト
  　　　　——キャラメルのプロダクト評価調査
- 第Ⅵ章　ネーミング・テスト
  　　　　——ビールのネーミング選好度調査
- 第Ⅶ章　価格戦略立案のための調査
  　　　　——電動歯ブラシの価格調査
- 第Ⅷ章　ブランド・マネジメント戦略立案のための調査
  　　　　——輸入車のブランド・イメージ調査
- 第Ⅸ章　広告効果測定調査
  　　　　——特定保健用食品のテレビCM効果測定調査
- 第Ⅹ章　顧客との関係性強化のための調査
  　　　　—コンビニエンスストアの顧客満足度調査

　　　　　　　　　　　　　　　デザイン　　コミュニケーションアーツ

課題解決型

マーケティング・リサーチ

〔基礎編〕

第Ⅰ章 マーケティング・リサーチの役割

1 マーケティングの定義

　今日、日本の社会・経済は高度に成熟化し、マーケティング・リサーチ（marketing research）のあり方を決めるのはマーケティング（marketing）の変遷である。そこで本章ではマーケティングについて概説する。
　以下は、㈳日本マーケティング協会が1990年に定義したものである。

1990年㈳日本マーケティング協会定義
　マーケティングとは、①企業および他の組織が②グローバルな視野に立ち、③顧客との相互理解を得ながら、公正な競争を通じて行う、④市場創造のための総合行動である。

Marketing refers to the overall activity where businesses and other organizations, adopting global perspective, create markets along with customer satisfaction through fair competition.

① 教育、医療、行政などの機関、団体を含む
② 国内外の社会、文化、自然、環境の重視
③ 一般消費者、取引先、関係する機関、個人および地域住民を含む
④ 組織の内外に向けて総合・調整されたリサーチ、製品、価格、プロモーション、流通および顧客、環境関係などに係わる諸活動をいう

ここで定義しているように、マーケティングは単に営利企業だけを対象にしたものではなく、非営利機関・団体等でも必要な理念として位置付けられている。大学・病院・自治体などの公共サービス事業体においても、マーケティングの理論と技法は経営や施策立案に役立つことを表わしている。そのため、対象として扱う顧客の領域も単に一般消費者だけでなく、取引先や競合他社、公共事業体や地域住民までを含んでいる。

　このように、マーケティングは企業や社会を取り巻く環境が複雑化し変化する中で、広い対象に対しての広い領域にわたる諸活動を示しているのである。広義のマーケティングは上述したように幅広い分野をカバーしているが、狭義には営利企業の諸活動である。したがって、本書では営利企業のマーケティングおよびマーケティング・リサーチを基本に話を進めていく。

【1】 顧客満足と企業利益の創造

　マーケティングの基本的な目的は2つある。第1の目的は顧客の満足を創ることである。第2の目的は企業利益を創ることである。企業活動は市場に対して新しい価値を持った商品やサービスを導入し、その後の育成を永続的に続けていくことである。すなわち、導入した商品やサービスに対しての顧客満足（CS：Customer　Satisfaction）を得る活動を通じて、企業が利益を得ることである。

　ここで大事なのは顧客満足の創造である。導入した商品やサービスのパフォーマンスが弱いと、顧客は再びその商品やサービスを採用してはくれない。すなわち、再購入や再利用が重要だということである。すべての商品やサービスにはコンセプトがある。これが魅力的であった場合、一度はその商品やサービスを購入したり、利用してくれる。ところがその商品やサービスのパフォーマンスが低かったり、弱かったりすると、再度の購入あるいは利用はなくなるのである。そこで、トライ（try）よりもリピート（repeat）が重要ということになり、リピートを確保するということは顧客の満足が必須である。したがって、顧客満足を獲得

できない限り、企業利益には繋がらないのである。

　多くの経営が「顧客満足の創造」を経営理念や方針の核においている背景がこれで理解できると思う。いうまでもなく、顧客満足創造の主体は顧客であり、企業側ではコントロールができない。これがマーケティングを難しく、かつ創造的なものにしているのである。

　一方、企業は競争にどう対応するか、優位に立つための技術開発をどう進めるか、顧客との関係をどう築くかなどの諸活動を行う。これは企業の利益創造に繋がる活動で、ある程度企業側でコントロールできる。

　この両者の活動が同時並行的に達成されることが、マーケティングの目的といえる。

2 成熟市場のマーケティング

　日本の社会・経済は、1970年代の高度成長を経て先進国の仲間入りをした。とくに、経済市場は1980年代の半ばを契機に成熟化したといえる。消費財はもちろん、テレビ、冷蔵庫や洗濯機などの家庭電化製品の普及も100％に近づき、持家かどうかは別にして住生活にも困らない状態となった。それを支えたのは国内外を視野に入れた日本企業のこれまでの成長であり、それにともなって、個人1人当りの所得が拡大、国民の生活水準が上昇したことが背景にある。

　この結果、国内における企業間競争は激しさを増し、製品開発から販売活動までマーケティング活動の強化が叫ばれた。ひとことでいうと、「成熟市場」の到来である。これまでは、日本市場全体をターゲットにマス・マーケティング（mass marketing）を展開してきたが、それに陰りが見え始め、よりターゲットを絞り、かつ提供する商品・サービスのコンセプトやベネフィットを明確にした企業間競争が始まった。すなわち、成熟市場下のマーケティング競争の時代に突入し、この潮流は今日まで続いている。

【1】 成熟の意味とマーケット・セグメンテーション戦略

　成熟には量的概念と質的概念の2つの意味がある。量的には"飽和になった"という意味であるが、質的には"より価値の高い品質、性能、サービスを要求する"という意味である。多くの消費財、耐久消費財、サービス領域が量的には飽和状態になったが、生活者の志向はその中でよりクオリティの高い財やサービスを求め出したということである。したがって、各企業は競合企業に対し、より品質、性能の優れた商品・サービスの開発に注力した。すなわち、成熟市場下ではパイが拡大する中で、勝利を獲得することは期待できず、パイが固定もしくは微増の中での競争を意味する。言い換えれば、マス・マーケティングが通用しなくなったということである。その結果、マーケティングの視点もそれを前提にすることとなり、需要構造の把握が最も重要な課題となった。そこで、自社の参入するカテゴリー領域の需要をどう分類するかというマーケット・セグメンテーション（market segmentation）戦略が急浮上した。

　マーケット・セグメンテーション戦略は、市場再編化戦略と訳され、需要をどのようなモノサシでくくるのかが鍵となる。他社と差別性のあるモノサシで需要をくくり、結果として抽出された特定セグメントを自社のターゲットにする戦略である。それは自社オリジナルなモノサシの開発競争となった。古くから市場（需要）をくくる技術として以下の4つが採用されているが、今日でもこの4つは有効である。

　① ライフ・ステージ（life stage）分化
　生活者の同質性に着目したアプローチで、同じライフ・ステージなら同じような生活およびニーズを持っているだろうという仮定に立って市場（需要）をくくる方式である。

〈例〉
・単身ヤング（ヤングの単身生計者）

- 世帯内ジュニア（同居家族のヤング）
- 夫婦2人世帯（子供なし）
- 養育1期（末子年齢が乳・幼児）
- 養育2期（末子年齢が小・中学生）
- 養育3期（末子年齢が高・大学生）
- 養育4期（末子が社会人で同居）
- 他出期（末子が社会人で別居）

② ライフ・スタイル（life style）分化

　生活者の異質性に着目したアプローチで、ライフ・スタイル（生活様式）の似た者同士を1つのセグメントとして、市場（需要）全体をいくつかにくくる方式である。ターゲットを対象とした調査を実施し、調査対象者のライフ・スタイル項目に対する反応で分類する。生活様式のあり方でくくるので、セグメントされたグループは性、年齢、職業、ライフ・ステージなどに関係ないのが特徴である。

③ 地域分化

　全国を大ブロック、中ブロックなどに分けて、地域別に市場（需要）をくくるアプローチであり、どのような視点で地域をくくるかが鍵となる。その地域の持つ「ポテンシャルの量」に差がでる視点でのセグメントが効果的である。

④ 階層分化

　どのような視点で階層化するかということが重要となるが、一般的には所得をモノサシとして階層化することが多い。同じ年代でも所得の高、中、低によって分ける。また、収入（フロー）だけでなく、預貯金（ストック）の2軸でみるのも高齢者層には有効である。
　これらを基本とし、差別化を図るためには各企業オリジナルなモノサシによるセグメンテーションが大切である。

●図Ⅰ-1　所得階層分布（例）

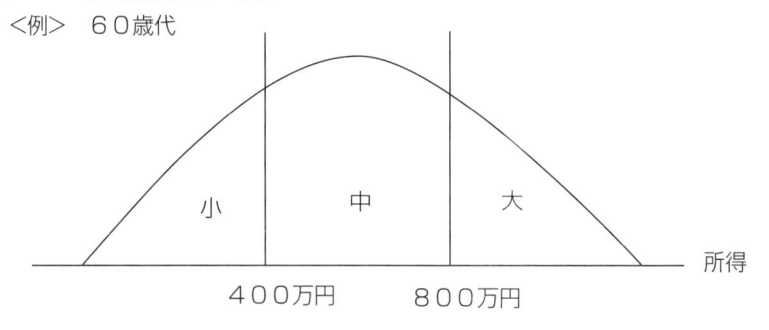

　　＜例＞　60歳代

　　　　　小　　中　　大

　　　　　　400万円　　800万円　　　　所得

●図Ⅰ-2　フロー／ストックによる分布（例）

　　＜例＞　60歳代　収入（大）

　　　　　　⑮　　　⑳

　　　　　　　　　　　　　　　　預貯金（大）

　　　　　　㊿　　　⑮

3　マーケティングの諸局面におけるマーケティング・リサーチの役割

　マーケティング・リサーチは、文字通り、マーケティングの歴史と軸をひとつにして発展してきた。マーケティング活動をする上で、企業はさまざまなマーケティング課題に直面する。そのつど、その課題解決のためにマーケティング・リサーチが発生し、実施される。あくまでも、マーケティング・リサーチはマーケティング課題解決の「手段」である。

●図Ⅰ-3　マーケティング・リサーチの役割

　　企業　　　　商品・サービス　　　マーケティング・リサーチ　　　　　生活者
　（マーケティング課題）　　　　　　　　　　　　　　　　　　　　　　（情報）
　　　　　　　　　　　　　　　　　　　　　　　　ニーズ・ウォンツ

すなわち、マーケティング・リサーチはマーケティング目的に対応するもので、活用のシステムがなければ十分にその役割を発揮することはできない。マーケティング・リサーチが企業の期待に真に応えるためには、企業におけるマーケティングのあり方を研究する機能とそのための素材としての情報を収集・加工する機能の両者が有機的に結びつく必要がある。

【1】 マーケティングにおけるマーケティング・リサーチの意味

マーケティング・リサーチの研究領域は、商品やサービスの研究、競争相手の研究、顧客満足（期待）の研究、コミュニケーション・メディアの研究、技術革新の研究、環境変化の研究など多岐にわたっているものの、ベースは顧客の立場に立った顧客の研究である。すなわち、「市場の声を聞く、顧客の声を聞く」が主たる機能で、その結果が顧客に受容される商品・サービスの開発や導入後の育成策、競争戦略の立案などに役立つことである。

マーケティングに正解がないように、マーケティング・リサーチにも正解がない。あるのは目的に対するアプローチ方法（リサーチ・フレーム）とその結果得られた情報、それに基づく施策（提案）である。したがって、課題に対してどのようなアプローチで臨むかが重要となり、そこでのアプローチ策は複数案考えられる。そして、スケジュールや予算、得られた結果の活用などを考慮して、その時点で最適な策を選択することがマーケティング・リサーチを実施する際の最初の一歩で最も重要なことである。課題解決のためにどのようなアプローチ策を複数作れるかが鍵を握っている。

アプローチ策を考える上でベースとなるのは、当該商品の領域に関する知見である。その市場は耐久財なのか非耐久財なのか、歴史的にどう需要を拡大してきたのか。現在の主要メーカー・銘柄は何で、その競合状況はどうなっているのか。最近の新製品は何で、その売れ行き動向はどうなっているのか。市場を支えている顧客のプロフィールは、国内だ

けでなく海外の状況は、などが市場に係わる知見の内容である。とくに、その商品カテゴリーが生活者のどのような欲求を満たしているのかが理解できないと市場は見えてこない。

あくまでもアプローチ策を考える発想の原点は生活であり、生活はもともと多様である。したがって、そこに暮らす人びとの欲求のあり方を研究することが重要となる。生活の中に自社の提供する商品やサービスがどう位置付けられるのか、その可能性を探ることで市場はみえてくる。今日、「市場が見えない」、「顧客のニーズがつかめない」とよくいわれるが、企業側はこれらの知見のベースとなる情報を十分に蓄積しているであろうか。

このような、多様なマーケティング課題のすべてがマーケティング・リサーチ課題となる。これからは単に商品やサービスに係わるマーケティング課題だけでなく、マーケティング活動を支える人事や総務、教育、財務部門などでもマーケティング・リサーチのテーマは発生するだろう。すでに、従業員満足度調査やリクルートのための調査、トップ・ミドルマネジメントに対するマーケティング・マインド醸成のための調査などが発生している。さらに、マーケティング・リサーチにも ROI（return on investment：投資対効果）が求められる時代となっている。マーケティング・リサーチが投資に見合い真に役立つためには、戦略立案や課題解決の手段として活用できるかどうかにかかっている。

【2】 マーケティング・リサーチは変化への対応

マーケティングの対象は市場である。市場は常に動いており、変化している。したがって、マーケティング活動は市場を形作っている条件や要素が変化するたびに軌道修正が必要であり、マーケティング課題も変化する。必然的にマーケティング・リサーチ課題も変化する。

マーケティング・リサーチが企業のマーケティング課題に役立つ、すなわち意思決定に役立つためには、変化に注目することが必要である。変化は次の3つの領域で起こる。

①社会環境・市場環境の変化
②相手（競合他社や顧客）の意志や欲求の変化
③自社の意志や能力の変化

　このような市場環境の変化、顧客の変化、自社の経営資源の変化が起きたとき、企業はそれに対応すべき対応策を決定する必要がある。これを政策決定と呼ぶ。その意味で、マーケティング・リサーチは多様な政策決定に精通する必要がある。

　一般に、企業のマーケティング上の政策決定には次のようなものがあげられる。

①　商品政策に係わる決定
　　イ）どのような商品分野が成長領域か
　　ロ）次の商品として、どのような商品を開発するか
　　ハ）その商品コンセプトはどう構築するか
　　ニ）既存商品のそれぞれの育成策をどうつくるか
　　ホ）既存商品のそれぞれの売上をどう見込むか
　　ヘ）その商品をどう改善するか
　　ト）その商品はいつ廃棄するか
　　チ）各商品のブランドをいかに構築するか

②　価格政策に係わる決定
　　イ）現在開発中の新商品の市場価格はいくらにするか
　　ロ）同様に卸価格はいくらにするか
　　ハ）販路別価格戦略や地域別価格戦略をどう構築するか
　　ニ）既存商品の価格改定はいつ、どのように実施するか

③　販売チャネル政策に係わる決定
　　イ）開発中の新商品はどのような業態で販売するか
　　ロ）小売業態との良好な関係をどう構築するか
　　ハ）小売店の販売支援策をどうつくるか
　　ニ）卸機能をどう強化するか
　　ホ）小売業態別販売計画をどうつくるか
　　ヘ）地域別販売計画をどうつくるか

④　広告宣伝政策に係わる決定
　　イ）開発中の新商品の広告戦略をどうつくるか
　　ロ）既存商品の広告戦略をどうつくるか
　　ハ）最適なメディア・ミックスと広告予算の配分をどうするか
　　ニ）広告効果の確認と評価はどのような仕掛けで行うか
⑤　企業ブランド政策に係わる決定
　　イ）コーポレート・アイデンティティをどう確立するか
　　ロ）企業ブランドのイメージをどう構築するか
　　ハ）企業ブランドの管理システムはどうつくるか
　　ニ）広報の役割をどう強化するか
⑥　市場情報管理政策に係わる決定
　　イ）マーケティング諸活動における情報管理をどのような体制・システムで行うか
　　ロ）機密漏洩防止や情報統制はどのような仕組みで行うか
　　ハ）顧客データ・ベースの管理と活用をどう図るか
　　ニ）顧客満足度の測定と経営戦略への反映をどう構築するか
　　ホ）生活価値観の変化など市場変動の予測システムをどう設定するか
　　ヘ）テスト・マーケティングをどう実施していくか
⑦　マーケティング組織政策に係わる決定
　　イ）マーケティング関連部門（開発、営業、広報、調査など）の関係をどう構築するか
　　ロ）マーケティング部門の権限範囲をどう設定するか
　　ハ）リサーチ機能は各事業部門に分散するか、全社一本化とするか
　　ニ）地域拠点でのマーケティング活動はどのような人員体制で行うか
　　ホ）セールス活動部門の効果をどう高めるか
⑧　新規事業戦略に係わる決定
　　イ）新規事業分野に参入するのか、しないのか
　　ロ）経営における新規事業をどう位置付けるか

ハ）新規事業分野は自社の経営資源で実行するのか、M&A（mergers and acquisitions）等を駆使するのか
　　ニ）新規事業分野の市場成長性はどの程度見込めるのか
　　ホ）新規事業はいかなる商品戦略、販売戦略で臨むのか
　　ヘ）新規事業のマーケティング諸資源はどう調達するのか
　⑨　グローバル戦略に係わる決定
　　イ）経営における海外事業をどう位置付けるか
　　ロ）海外事業はどこの市場でどう展開するか
　　ハ）その国の文化や価値観はどのように研究し、対応するか
　　ニ）制度や法律などの条件をどう研究し、対応するか
　　ホ）流通構造や物流システムの現状をどう分析し、対応するか
　　ヘ）人員の配置や採用をどう考えるか

【3】 マーケティング・リサーチは時間との戦い

　これらの政策決定に係わる課題は多岐にわたっており、かつ相互に関連している。したがって、実際の意思決定では同時に複数の課題が取り上げられ、マーケティング・リサーチも複合的に発生する。
　マーケティング・リサーチで重要な視点のひとつは時間との対応である。前述したように課題に対する意思決定はタイムリーでなければならない。そのためには、リサーチ情報およびそこでの提言は意思決定に先駆けて行われる必要がある。したがって、マーケティング・リサーチ活動は企業活動と軸をひとつにして展開され、かつ一歩も二歩も先んじて動いていく必要がある。すなわち、計画的に市場を測定したり、計画的にデータを蓄積したり、分析したりする必要がある。
　その意味で、リサーチャーは企業がどのような理念、方針、戦略のもとで活動し、どの時点でどんな情報が求められるかを常に把握し、変化への対応を意識しておくことが肝要である。
　以上、述べたようにマーケティング・リサーチに係わる局面は多岐にわたり、そのつどマーケティング・リサーチの視点や役割も変わる。い

ずれの時点、どのような視点に立っても、マーケティング・リサーチはマーケティング課題解決の手段であることにかわりはない。

第Ⅱ章 マーケティング・リサーチの手順と基本設計

1 調査手法の分類

　マーケティング・リサーチに限らず、社会調査や世論調査で用いる調査手法を調査対象者との接触方法によって分類すると、表Ⅱ-1に示すように、フィールド調査、実験（マーケティング・リサーチではテストと呼ぶことが多い）、観察法に分類できる（島崎哲彦、坂巻善生、2007）。

　フィールド調査は、日常生活を営む中で対象者に接触して調査を実施する方法である。調査内容をどこまで構造化するかによって、構造化された調査票を用いる指示的調査、調査項目まで定めて行う半構造化された調査、調査課題のみを定めて行う自由面接調査に分類できる。

　構造化された調査票を用いる調査には、対象者との接触方法が異なる面接調査、留め置き調査、郵送調査、電話調査、電子調査（CADC）などが含まれる（島崎、2008）。

　半構造化された調査は、調査項目という調査の大きな枠組のみを前提として行う調査であり、調査員と対象者が1対1で行う詳細面接調査や、6～8人の対象者を一堂に集めて司会者（モデレーター）の進行に従って行うグループ・インタビューが含まれる。

　調査課題のみを前提として行う自由面接調査の代表的手法は、調査課題に関連する対象者の意見や感想を自由に述べてもらい、対象者の深層にある態度やその構造を明らかにしようとする深層面接法（デプス・イ

ンタビュー）である。

実験は、原因となる変数と結果となる変数について、他の変数を制御することによって、因果関係を明らかにしようとする手法である。実験には、対象者を実験室に集めて行う実験室実験（CLT）と、日常生活の中での対象者に対して行うホーム・ユース・テスト（HUT）がある。

観察法には、構造化された調査票に従って調査を実施し、調査員が調

●表Ⅱ-1　調査手法の分類

```
1．フィールド調査
 (1) 指示的調査
   ・構造化された調査票を用いる調査。
   ・面接調査法、留置調査法、郵送調査法、電話調査法、電子調査法など。
 (2) 半構造化された調査
   ・質問内容を半構造化して行う調査。
   ・詳細面接調査、グループインタビュー。
 (3) 自由面接調査
   ・調査課題のみを定めて、自由面接で行う調査。
   ・深層面接法など。
2．実験
   ・変数をコントロールして、原因と結果の因果関係を明らかにしようと
     する手法。
 (1) 実験室実験
   ・対象者を実験室に集めて、一定の条件下で変数をコントロールしなが
     ら行う実験。
   ・ＣＬＴ(セントラル・ロケーション・テスト)
 (2) フィールド実験
   ・日常生活の中で対象者に対して行う実験。
   ・ＨＵＴ(ホーム・ユース・テスト)
3．観察法
 (1) 統制的観察法
   ・事前に決定した観察項目、手順に従って行う観察法。
 (2) 非統制的観察法
   ・できる限り事実を掌握するために、自由に行う観察法。
   ・対象集団の活動に参加しながら行う参与観察法と、対象集団と一定の
     距離を置いて行う非参与観察法がある。
```

（出典：島崎哲彦、坂巻善生編『マス・コミュニケーション調査の手法と実際』2007より、加筆・修正）

査票に観察結果を記入していく統制的観察法と、調査課題のみを定めて、できる限り忠実に事実を掌握しようとする非統制的観察法がある。非統制的観察法には、観察者が対象の小集団などの活動に参加しながら観察を行う参与観察法と、対象集団などの活動に参加せず、一定の距離をおいて観察を行う非参与観察法がある。

　以上の調査手法のうち、マーケティング・リサーチでは、全体の傾向を把握するための定量調査として、フィールド調査の中の指示的調査がよく用いられる。また、対象者の意見や態度の背景にある質的構造を把握するための定性調査として、フィールド調査の中の半構造化された調査もよく用いられる。

　また、新製品開発で、製品テストのためにCLTやHUTがよく用いられるし、C/Pテスト(コンセプト／プロダクトテスト)、ネーミング・テストや広告コピーテストなどでは、CLTがよく用いられる。

　流通調査でスーパーマーケットにおける商品の陳列状況を把握するための調査や、街の特徴を把握するために来街者の服装、髪型、持ち物などを観察する調査などでは、統制的観察法が用いられる。

2　マーケティング・リサーチの一般的手順

　マーケティング・リサーチの目的は、マーケティング上の課題解決のために必要なデータを提供することにある。したがって、マーケティング・リサーチの設計は、マーケティング上の課題解決を目的として設計しなければならない。もちろん、設計内容は目的と使用する調査手法などによって異なるものである。それらのすべてを例示できないので、ここでは一般的な定量調査をとりあげて、手順を説明しておく。

＜一般的な定量調査の手順＞
① 　マーケティング上の課題
　　・マーケティング上解決しなければならない課題の発生
　　・既存資料等の分析
　　・解明できなかった問題点

② マーケティング・リサーチで解明する課題
　　・マーケティング・リサーチ課題の明確化
③ 仮説の構築
　　・資料収集
　　・資料分析
　　・仮説（hypothesis）の検討・構築
　　・仮説から作業仮説（working hypothesis）へ
④ 調査設計
　　以下の項目を盛り込んだ計画書の作成
　　・調査目的
　　・調査項目（作業仮説から調査項目へ）
　　・対象者集団（母集団）、標本数、標本抽出法
　　・調査地域
　　・調査手法
　　・調査スケジュール
　　・調査主体（レター・ヘッド）
⑤ 調査票の設計
　　・調査項目から質問文と選択肢を作成
　　・質問の順番の決定
　　・ワーディングの統一
　　・プリテストと質問文・選択肢の修正
⑥ 対象者の抽出
　　・調査設計に基づいて、母集団から標本を抽出する
⑦ 調査実施のための準備作業
　　・調査票の印刷
　　・調査員の手配
　　・調査資材の準備
　　　　調査実施説明書（調査員向けインストラクション・ガイド）、対象者名簿、挨拶状、選択肢カード（面接調査用）、対象者訪問記

　　　　録表、調査協力謝礼（品）など
⑧　調査の実施
　　　・調査員に対する説明会
　　　・初票点検（面接調査の場合、調査員による調査方法の誤りを正すため）
　　　・調査員からの調査票回収時の点検と記入洩れ、誤記入の再調査
⑨　回収票の点検
　　　・不正票の点検（インスペクション）
　　　　　不正票は再調査する
⑩　集計・解析の実施
　　　・集計計画の立案　　仮説検証が基本
　　　・データ入力前の調査票の点検処理
　　　　　エディティングとコーディング
　　　・入力後のデータ・クリーニング
　　　　　機械チェックと誤入力の修正
　　　・単純集計、代表値などの統計量の出力
　　　　　各質問ごとの分布と統計量を出力
　　　　　カテゴリーのくくりなどを実施
　　　・クロス集計、代表値などの統計量の出力、検定の実施
　　　・（必要に応じて）多変量解析などの実施
⑪　集計・解析結果の分析
　　　・集計結果を質問ごとに分析し、知見を得る（ファインディング）
　　　・得られた知見を総合して、仮説を検証し、採択／棄却する
⑫　報告書の作成
　　　・グラフ化と知見の記述
⑬　発表会
　　　・必要に応じて実施する

3 マーケティング・リサーチの設計

　調査設計の段階では、「調査の目的」、「仮説と調査項目」、「母集団と標本抽出」、「調査地域」、「調査方法」、「調査スケジュールと調査実施時期」、「調査主体」について検討・決定し、計画書を作成する。なお、このうち「調査目的」については事例編、第Ⅰ章「マーケティング課題へのリサーチ手法の適用」を、「母集団と標本」については本書第Ⅲ章2「標本抽出と推計」を、「調査方法」については本書第Ⅱ章1「調査手法の分類」を参照されたい。本節では、「仮説と調査項目」、「調査地域」、「調査スケジュールと調査実施時期」、「調査主体」について述べておく。

【1】 仮説と調査項目

　① 仮説検証的アプローチと事実探索的アプローチ

　調査設計にあたっては、事前にたてた仮説を調査によって検証しようとする仮説検証的アプローチと、事実測定を主眼として調査を設計する事実探索的アプローチのふたつの態度がある。仮説検証的アプローチに対しては、設計者の恣意が混入されるという批判があり、過去にこのアプローチへの批判者と支持者の間で激しい対立が起きたこともある（飽戸弘、1987）。他方、事実探索的アプローチに対しては、結果として断片的な知見しか得られず、全体の構造に迫ることができないという批判がある。

　マーケティング・リサーチによって解決すべき課題は、マーケティングの各プロセスから発せられる。そこで、リサーチ課題を取り巻くさまざまな条件はすでに同定されていることが多い。また、マーケティング上要求されるのは大雑把な知見ではなく、課題を取り巻く諸条件などとの関係を含む構造的な知見である。したがって、マーケティング・リサーチは、仮説検証的アプローチを採用することが多い。

　なお、仮説検証的アプローチを採用するにあたっては、前掲の批判を

克服するために、仮説Aに対して必ず反対の仮説Bが存在することを念頭におき、中立的態度で調査票を設計することが肝要である（島崎、2008）。

② 仮説の構築から調査項目へ

マーケティング・リサーチでは、まず、リサーチ課題を取り巻く諸条件と課題に関連する情報を収集し、仮説を構築する。この仮説は、必ずしも調査で測定可能なものではない。そこで、仮説を測定可能な作業仮説に展開する。さらに、この作業仮説から調査項目を導き出すのである。

例えば、表Ⅱ-2に示すように、若者の活字離れという仮説を、若者は新聞を読まない、雑誌を読まないなどの測定可能な作業仮説に展開する。さらに、若者は新聞を読まないという作業仮説から、新聞閲読率、新聞閲読時間、閲読新聞記事内容などの調査項目を策定するのである。

●表Ⅱ-2　仮説から作業仮説、調査項目への展開

仮　説	作業仮説	調査項目
・最近の若者には活字離れの傾向がある ⇒	・最近の若者は新聞を読まない ⇒	・新聞閲読率 ・新聞閲読時間 ・閲読新聞記事内容　等
	・最近の若者は雑誌を読まない	・週刊誌閲読冊数 ・閲読週刊誌記事内容 ・月刊誌閲読冊数 ・閲読月刊誌記事内容　等
	・最近の若者は単行本を読まない	・単行本閲読冊数 ・閲読単行本の内容　等

【2】 調査地域の設計

マーケティング・リサーチでは、多額の経費をかけて全国調査を行うことは少ないし、その必要性も乏しい。もちろん、対費用効果の問題もあるが、多くの企業は、それぞれの分野の商品・サービスが一部の地域で普及すれば全国に普及するものか、さらに、どのような条件でどの程

度の時間をかけて普及するのか、といった情報を経験的に認知しているからであろう。

　また、新しい商品・サービスは、都市部から地方へ普及することが多いし、新しいライフ・スタイルや流行などの多くも、そのような道筋を辿る。そこで、マーケティング・リサーチは、首都圏などの都市部で実施されることが多い。

　もちろん、麺つゆなどの醤油関連商品は、関東と関西の嗜好の違いを考慮して調査地域を決定しなければならないし、車の寒冷地対策についての調査は、寒冷地の北海道や東北などで調査するのが妥当であろう。しかし、そのような場合を除けば、一般的には首都圏での調査が多い傾向がある。

　そこで、首都圏での調査にあたって、どのようなエリアを想定するのが妥当かを検討してみる。首都圏とは、都心の事務所や商業施設、京浜・京葉工業地帯の工場などに勤める人びとや、それらの人びとを対象とする商店などのサービス職に就く人びとが多く居住する地域であろう。また、単に同一地域に居住するのみではなく、多くの人びとの生活意識と行動に共通性があることも要件の1つである（島崎、2008）。

　ここで、マーケティング・リサーチを計画するにあたって、どの地域を首都圏として設定するかを吟味してみる。首都圏は関東平野の中に円周状に広がっている。通常、中心点を東京駅に置くことが多いので、ここでもそれに従うこととする。東京駅を中心とする円周の外縁部で、住宅密集地帯から田園地帯に移り変わるところが、首都圏とそれ以外の地域との境界であると考えられる。これを東京駅からの距離で計ると、50km圏になる。具体的には、南側から時計と逆回りに、平塚、厚木、八王子、川越、鴻巣、佐倉、千葉を外縁とする地域である。では、首都圏の調査は50km圏内であるならば、40km圏でも、30km圏でもよいのか。首都圏の中心部は人口が減少し、単身の若年層が居住するワンルーム・マンションが増加している。他方、50km圏の外縁には新興住宅が多く、住宅ローンを抱え、また教育費のかかる学齢期の子どもをもつ中年層が数多く居住している。その間の地域にも、それぞれ特徴がある。そこで、30

km圏や40km圏で調査を行うと偏りが生じるのは明白である。首都圏全体の傾向を把握しようとするならば、50km圏全体を調査する必要がある。

では、関西圏はどうか。関西圏は大阪、神戸、京都の3つの核をもつ上に、平野部と山間部が入り組んだ地形であり、首都圏のように円周状に広がっていない。しかし、関西圏を考える時、地域の産業特性と居住者の生活行動・意識の共通性をもって吟味する点では、首都圏と同様であろう。

事例調査で狭い地域を対象とする場合でも、同様に地域特性と居住者特性をもって地域を吟味するべきである。

【3】 調査スケジュールと調査実施時期の設計

① 調査スケジュールの設計
㈲ 調査設計、仮説構築から調査票の設計期間

調査設計および仮説構築から調査票の設計は、調査結果から得られる知見の内容を左右する重要な過程である。したがって、拙速に陥らないように、設計に携わる関係者による吟味・検討を繰り返す必要がある。一般的には2週間程度の期間をかけるべきであろう。

㈹ 準備作業期間

調査に使用する物品の準備、調査員を利用するならばその手配・確保、調査対象者の抽出作業、調査票の印刷などを行う期間である。調査設計が終了した時点で開始するが、調査票印刷は、調査票設計が完了した後になる。したがって、調査票設計の完了後、1週間程度は必要であろう。

㈥ 調査実施期間

調査実施期間は、調査手法によって異なる。また、いずれの手法においても、調査実施期間は対象者の生活行動の状況に左右されるので、調査企画者側の都合で簡単に短縮できるものではない。このような点に十分留意して、設計する必要がある。

＜面接調査法・留め置き調査法＞

調査環境の悪化から、回収率は長年にわたって低下の一途を辿ってき

た。その原因は、対象者の不在率と調査協力拒否率の上昇である（本書Ⅲ-4-〔2〕「調査環境上の問題点」を参照）。この点、特に不在率を考慮して、首都圏などの大都市圏の調査では、対象者の在宅率が高い土曜日・日曜日を3回含む3週間程度が必要である。なお、地方では都市部より在宅率が高く、回収率も高い。したがって、調査期間も短くて済む傾向がある。

なお、個人情報保護法の施行前後から、拒否率が急速に高まっている。この点については、本書Ⅲ-4-〔2〕「調査環境上の問題点」を参照されたい。

＜郵送調査法＞

郵送調査では、調査票の対象者宅到着日から、回答済み調査票の投函依頼日までの期間が短か過ぎると回収率が下がるし、長過ぎても対象者が忘れてしまい、回収率が低下する傾向がある。また、対象者の調査票記入のための時間的余裕を考えて、最低1回は、在宅率が高い土曜日・日曜日に調査票が対象者の手元に留め置かれるように、スケジュールをたてるべきである。

そこで、水曜日または木曜日に発送し、金曜日に対象者の手元に到着、投函依頼日は翌月曜日とすると、返信が調査本部に到着するピークは火曜日から水曜日となり、最短スケジュールは1週間程度となる。

郵送調査は、一般的に回収率が低い。そこで、回収率を上げるために、調査に回答しない対象者に調査票を再発送するリマインダーを実施することが多い。リマインダーの場合も、スケジュール立案にあたって配慮しなければならない点は、上記と同様である。そこで、第1回調査の実施中にリマインダーの準備をしておき、第1回調査の回収のピークを越えた木曜日にリマインダーを発送、翌月曜日に投函を依頼し、木曜日で回収をほぼ終了することとなる。したがって、リマインダーを含む郵送調査のスケジュールは、2週間程度となる。

＜電話調査法＞

電話調査では、標本数と電話台数・調査員数の関係が調査期間を左右する。標本数に対して電話台数・調査員数が多ければ、調査期間は短く

て済むし、少なければ長くなる。また、電話調査でも対象者の在宅状況を顧慮して、対象者の在宅率が高い土曜日・日曜日を1回は含める必要がある。平日の調査実施のピークが夕方以降となる点にも配慮するべきである。一般的には、電話調査の実施期間は、土曜日・日曜日を含んで、最低5～7日間を要すると考えられる。

＜パネル調査法＞

パネル調査の対象者は、複数回の調査協力を許諾している。そこで、1回1回の調査ごとに抽出した対象者に比べて、調査協力率は高いし、調査期間中の回答時期も早い。そこで、面接調査、留め置き調査、郵送調査、電話調査のどの手法を用いても、それぞれの一般的に必要とされる調査実施期間よりも短期間で実施可能である。インターネット調査法を用いれば、さらに短期間で調査完了が可能である（インターネット調査は本書Ⅳ「インターネット・リサーチの特徴と活用」を参照）。

㈡ 集計計画立案と集計前のデータ処理期間

集計計画は仮説検証のための集計が中心となるので、仮説と調査票が確定した段階から計画立案を始めることができる。通常は、調査実施中に並行して計画立案を行う。集計前に、調査票の入力前処理であるエディティングとコーディングを行う必要がある（エディティングは本書Ⅲ-5-〔3〕「調査票のエディティング」を、コーディングは本書Ⅲ-5-〔4〕「コーディング」を参照）。

エディティングとコーディング作業が済んだら、データ入力作業を行う。

データ入力が完了したら、コンピュータでデータ・チェック作業を行う。具体的には、存在しない選択肢コードが入力されていないか、回答回路と異なった回答のデータが存在しないかなどをチェックする。そのようなデータが発生したら、調査票の原票と照合して、データの修正を行う。これらの作業を、データ・クリーニングと呼ぶ。

これらの作業過程に要する日数は、データ量と作業員数に左右される。

㈣ 集計期間

データがクリーニングされたら、集計を行う。集計はいくつかの段階

に分かれる。

　最初に行う集計は、各質問ごとに分布を出力する単純集計である。この単純集計の結果を吟味・検討して、カテゴリーのくくりなどを行う。

　その後、集計計画に基づいて、仮説検定を中心とした質問間のクロス集計を実施する。

　その結果で不明な点が残った場合、解明することが可能であれば、質問間クロス集計を追加して行う。

　集計はコンピュータを利用して行うので、集計表に使うヘディング（集計表のタイトル）やラベル（選択肢の名称）の入力と、集計を指示するパラメータさえ準備してあれば、大半の集計は時間をかけずに実施することが可能である。

　集計過程で時間がかかるのは、単純集計の吟味・検討と、ヘディング、ラベル、パラメータの準備である。もっとも、パーソナル・コンピュータの集計ソフトの中には、パラメータを画面入力してそのまま集計を実行できるものもある。

　追加集計を除けば、すべての工程を含めて一般的に1週間以下で集計は可能である。

　㈻　分析・解析期間

　各質問についての集計（クロス集計を含む）結果を分析して、知見を抽出する過程をファインディングという。ファインディングが終了したら、仮説ごとに採択・棄却を中心に、知見をまとめていくのが分析の過程である。

　また、複雑な構造を解明するためや、ある事象の要因を明らかにするために、多変量解析を用いて解析することもある（本書Ⅵ-6「多変量解析法」を参照）。解析結果を吟味して、必要とあらば再分析を行う。再分析の必要性の判断や、解析結果からの知見の検出は、担当者の頭脳に依存することとなる。

　分析・解析過程は、調査結果から得られる知見の質を左右する。また、この過程は総合的な判断を要するので、1人の担当者の判断に依存せざるを得ない。したがって、拙速に陥らないように、最低でも7～10日間

を予定するべきである。
　(ト)　報告書の作成期間
　報告書の作成にあたっては、読むものの理解を図るために、記述する知見に対応して、集計結果をグラフや数表で表現するべきである。これらの作業は、人数を投入すれば短期間で終了することができる。

　②　調査時期の設計
　一般的な調査では、対象となる人びとの在宅率が低い時期は避けるべきである。4〜5月のゴールデン・ウィーク、8月のお盆とその前後の数日間や、その他の連休がそれにあたる。
　また、3月末から4月初めにかけては、人事異動や入学、卒業などのため、多忙の上、転居が多くなるので避けるべきであろう。
　年末も、人びとは多忙であるか、そうでなくても心理的に多忙である。また、年末年始に調査を行うことは、日本では社会規範に触れかねない礼を失したことである。そこで、この時期も調査を行うべきではない。
　もっとも、在宅率が低いことが前提となるが、パネル調査などで事前に対象者の許諾を得ていれば、このような時期でも調査実施は可能である。
　調査目的によっては、実施時期の設定に他の要素を顧慮しなければならない場合もある。例えば、百貨店の来店客調査で、調査当日の店内購買行動と購買金額を知りたいとする。もちろん、土曜日、日曜日、休日と平日では、来店客の購買行動、購買金額ともに異なるであろう。さらに、ゴールデン・ウィークの後や夏休みの後では、次の給料日まで購買行動、購買金額とも鈍化するであろう。他方、中元や歳暮のセール時期には、購買行動と購買金額は異常値を示すであろう。この種の調査の実施スケジュールを決めるにあたっては、上記の諸点に配慮する必要がある。他にも、調査目的によってさまざまな条件を勘案して実施時期を決定しなければならないケースが多々ある。

【4】調査主体

調査を実施するにあたって、対象者の問い合わせに応じるためと、対象者の信頼を得るために、調査票や挨拶状に調査主体名、住所、電話番号、担当者名を明記しておく必要がある。

官公庁の調査では、一般的に調査主体名を官公庁名とし、調査実施委託先の調査会社等の名称を併記する。マスコミが行う世論調査では、調査主体はマスコミ機関となっていることが多い。他方、マーケティング・リサーチでは、ほとんどの場合、調査実施委託先の調査会社等の名称を調査主体名とする。

マーケティング・リサーチの調査主体に調査会社名を使うのは、マーケティング・リサーチの発注元は、官公庁やマスコミのように公共性をもつ中立的存在ではなく私企業であり、その企業に対する人びとの利害や好悪が調査結果に影響を与えるからであるといわれてきた。

しかし、他にも理由はある。1つは、発注元の企業に対象者からの問い合わせ等に対応する専門部署がなく、専門機関である調査会社の方が的確な対応が可能なためである。

もう1つは、マーケティング・リサーチを通じて、発注元の企業の活動を競争相手の企業等に知られることがないようにするためである。例えば、マーケティング・リサーチの中には、新製品開発等に直接かかわる調査もある。他方で、調査対象者の中に競争相手の企業の関係者がいないとは限らない。そこで、あえて発注元の企業名を伏せて、調査会社名で実施することが多いのである。

4 マーケティング・リサーチのマネジメントと国際標準化

グローバリゼーションの進展の中で、国際標準化機構（ISO）の手によって、産業界のさまざまな標準となる基準が生み出されてきた。マーケティング・リサーチに関しては、これまで各国の基準はあったものの、

国際基準は存在しなかった。

　近年、マーケティング・リサーチ、世論調査、社会調査を含む調査全般について、企画・設計から実施、集計、分析、報告書に至る過程のマネジメントを審査し認証するISO20252が確立された。ISO20252はイギリスで先行採用され、ヨーロッパ諸国等がこれに追随しつつある。日本でも、㈳日本マーケティング・リサーチ協会（JMRA）を中心に導入が検討されており、2009年には認証が始まる見通しである。

　また、パネル調査に関する国際標準も、ISO20252とは別途に、ISOで検討されている（ISO/TC225　WG2）。パネル調査とは同一標本に複数回調査を実施するもので、その実施手法は面接調査、留置調査、郵送調査、電話調査などのいずれでもよいが、近年はインターネット調査が多用されている。このパネル調査のために、あらかじめ構成された調査対象者集団をパネルと呼ぶ。ISOは、このパネル調査の品質の標準化を図ろうとしているのである。

　ところで、これまでのマーケティング・リサーチの品質は、必ずしも一定の水準に達しておらず、品質に問題があるものも散見された。

　そこで、前掲のようなISOによるマーケティング・リサーチのマネジメントの標準化は、製品の品質の向上に大いに寄与するものと考えられる。

第III章 定量的手法の概説

　マーケティング・リサーチは、マーケティングのさまざまなフェーズで意思決定の参考資料を得ることを内容としており、その点では世論調査や研究調査などとは異なるものである。しかし、マーケティング・リサーチ、特に定量的手法の目的を統計学の局面からみると、対象となる調査単位のすべてを調査する悉皆調査によって対象集団の傾向を数量で把握しようとする点で、あるいは、調査単位の集合である母集団の一部を標本として抽出して調査を行い、その結果から母集団の傾向を推計しようとする点では、他の領域の調査と同様である。さらに、このために用いる面接調査、留め置き調査などの手法も、他の調査と同様である。そこで、本章で述べるマーケティング・リサーチの一般的手法とその特徴は、他の領域の調査とも共通するものである。

1 定量的手法の種類と特徴

　本節では、定量調査の実施方法による分類に基づいて代表的な手法をとりあげ、拙著（島崎哲彦、2008）の記述内容を簡略にとりまとめて、各手法の特徴と長所、短所をあげておく。なお、インターネット・リサーチについては別途章を起こしたので、本書第IV章「インターネット・リサーチの特徴と活用」を参照されたい。

【1】 面接調査

　面接調査は、調査員が調査対象者（回答者）と1対1で面接し、調査票の質問を口頭で行い、対象者の回答を調査員が調査票に記入する方法で、他記式調査と呼ばれる。多くの選択肢から該当するものを選ぶ場合は、対象者が選択肢を一覧できるカードを提示する。
　面接調査の特徴、長所、短所は、下記の通りである。

【特徴】
① 一対一の面接で調査を実施するので、対象者の回答は周囲の人の影響を受けにくい。このため、意見や態度の測定、知識の測定に向いている。
② 調査票を対象者に見せないので、対象者は後の質問を知ることができない。したがって、後の質問文や選択肢が前の質問の回答に影響を与えることはない。例えば、ブランド認知状況を調査するために、最初の質問において自由回答で回答を得た（純粋想起または再生法）上で、次に同じ内容の質問において選択肢を与えて回答を得る（助成想起または再認法）といった手法を用いることができる。調査票を対象者に預ける方法では、このような純粋想起と助成想起の組み合わせはできない。
③ 調査員が口頭で質問するので、質問文は会話体に近い文体で作成する。

【長所】
① 1対1の面接で実施するので、対象者を間違えることはない。
② 面接で実施するので、電話調査よりは多くの質問が可能であるが、留め置き調査や郵送調査ほど多くの質問はできない。経験的に、調査実施可能な時間は30～40分程度である。
③ 電話調査や郵送調査に比べて回収率が高い。

【短所】
① 多人数の調査員を必要とし、さらに対象者との接触に至るまでに

時間と手間を要するため、経費がかかる。
② 　調査員の態度、言葉遣い、服装などが対象者の回答に影響し、歪みを生じやすい。

【2】 留め置き調査

　留め置き調査では、調査員が調査対象者宅を訪問して調査協力を依頼し、対象者に調査票を預けてくる。対象者は、都合のよい時に調査票に回答を記入する。後日、調査員が回答記入済み調査票を回収する手法である。対象者本人が調査票に回答を記入するので、自記式調査と呼ばれる。

　留め置き調査の特徴、長所、短所は、下記の通りである。

【特徴】
① 　対象者が自宅などで調査票の質問を読みながら回答を記入するので、意見や態度を聴く質問では周囲の人の影響を受ける可能性がある。また、知識を聴く質問では、知らないことでも対象者が調べて回答する可能性がある。したがって、この手法は、意見・態度、知識を聴く質問には向かないといえる。
② 　対象者が質問の順番に従って順次回答せず、全文を一読してから回答したり、回答途中で前の質問を再読する可能性がある。したがって、前の質問の回答が次の質問の回答に影響を与える繰越効果(キャリーオーバー効果)を排除しにくい(繰越効果は本書Ⅲ-3-〔3〕「質問文・回答選択肢の設計」を参照)。
③ 　対象者が質問文を読みながら回答するので、質問文は文章体に近い文体で作成する。
④ 　対象者が質問文を読みながら回答するので、回答経路はできるだけ単純にし、かつ、分かりやすく指示する必要がある。

【長所】
① 　対象者の都合のよい時間に回答してもらうので、調査協力を得やすい。

② 対象者が都合のよい時間に回答するので、他の手法よりも多くの質問ができる。経験的に、調査可能な時間は1時間程度である。
③ 対象者の家族を通じて調査の依頼ができるので、調査員の負担が面接調査よりも軽い。したがって、面接調査よりも経費を多少低減できる。
④ 調査員と対象者の接触が少ないので、調査員の人的要素が回答に影響を与えることは少ない。

【短所】
① 対象者本人ではなく、家族などが記入する「代人記入」が発生しやすい。
② 意見や態度を測定する調査では、回答時に周囲の人の影響を受ける可能性がある。
③ 知識を聴く質問では、対象者が調べてから回答する可能性がある。
④ 回答時に調査員がいないので、誤答が発生する可能性がある。

【3】 郵送調査

郵送調査は、調査票を調査対象者に郵送し、対象者に記入済み調査票を返送してもらう手法で、自記式調査の一種である。なお、片道のみ郵送という手法もある。街頭調査で調査員が対象者に説明・依頼し、返信は郵送を用いる場合があるし、回収率を上げるために、対象者に郵送した調査票を調査員が回収に行く場合もある。

郵送調査の特徴、長所、短所は、下記の通りである。

【特徴】
① 郵送調査の特徴は、留め置き調査に類似している。
② 郵送調査では、調査票のほかに返信用封筒（受け取り人払いを用いることが多い）を同封する。
③ 定形郵便と定形外郵便の料金の差は大きい。発送数が多いと経費の差は膨大になるので、この点に十分に配慮する必要がある。「メール便」などを使う方法もある。

郵便はがき

150-8307

50円切手を
お貼り下さい

東京都渋谷区渋谷3-1-1
社会経済生産性本部

生産性出版 行

ご住所（自宅・会社）	
〒	

お名前	年齢

会社名	お仕事 （具体的に）

お買い求め の書店名

**ご購入の
書籍名**

ご購読ありがとうございました。今後の企画の参考にいたしたいと存じますので、ご意見をお聞かせ下さい。また同じ内容をeメールでも受け付けています。宛先：book@jpc-sed.or.jp

この書籍をどのようにしてお知りになりましたか？
1. 広告（紙・誌名　　　　　　　　　　　　　　）　2. 書店で見て
3. 人にすすめられて　4. 書評を見て（紙・誌名　　　　　　　　　　）
5. DMで　6. その他（　　　　　　　　　　　　　　　　　　　　　）

本書の評価をお選び下さい。
1．表紙（よい・普通・よくない）　2．内容（わかりやすい・普通・わかりにくい）　3．価格（高い・普通・安い）

本書に対する自由なご感想をお聞かせ下さい。

生産性出版に今後出してほしい本（テーマ・著者など）

有難うございました。ご希望の方には図書目録をお送りします。（希望する・希望しない）

※ 個人情報の取扱いについて
1．ご提供いただいた個人情報は、当本部の個人情報保護方針に基づき、安全に管理し、保護の徹底に努めます。なお、当本部個人情報保護方針の内容については、当本部ホームページ（http://www.jpc-sed.or.jp/）をご参照願います。ご本人様が内容をご確認、ご理解の上、お問い合わせいただきますようお願いいたします。■2．個人情報は、生産性出版の事業実施に関わる資料等の作成、ならびに当本部が主催・実施する各事業におけるサービス提供や事業のご案内、および顧客分析・市場調査のために利用させていただきます。■3．法令に基づく場合などを除き、個人情報を第三者に開示、提供することはありません。■4．個人情報の開示、訂正、削除については、メディアセンター（読者カード担当、連絡先℡03-3409-1132）または総務部個人情報保護担当窓口（℡03-3409-1112）までお問合せください。■5．本案内記載事項の無断転載をお断りします。

④ 調査協力に対する謝礼（品）は、調査票と一緒に対象者に送付する先送りと、調査票が回収できた対象者にのみ後日送付する後送りがある。調査票の回収率を上げるためには先送りがよいし、経費低減を考えるならば後送りがよい。
⑤ 調査票の回収率が低い場合、未回収の対象者に督促状を出したり、調査票を再度送るリマインダーを用いる場合がある。

【長所】
① 調査員を使わないので、経費を大幅に低減できる。
② 郵便を利用するため、対象者が全国に散在していても調査実施が可能であるし、同一料金で実施できる。また、海外調査も日本からの郵送で実施可能である。
③ 対象者が都合のよい時間に回答するので、他の手法よりも多くの質問ができる。経験的に、調査可能な時間は1時間程度である。
④ 調査員を使わないので、人的要素が回答に影響を与えることはない。

【短所】
① 調査票を対象者に預けるので、留め置き調査同様、「代人記入」が発生しやすい。
② 意見や態度を測定する調査では、留め置き調査同様、回答時に周囲の人の影響を受ける可能性がある。
③ 知識を聴く質問では、留め置き調査同様、対象者が調べてから回答する可能性がある。
④ 回答時に調査員がいないので、留め置き調査同様、誤答が発生する可能性がある。
⑤ 一般的に回収率が15〜20％程度と低い。しかも、回答者が調査内容に関心がある層に偏る傾向がある（鈴木裕久、島崎、1995）。

郵送調査の回収率の低さと回答の偏りに起因する失敗の事例として、1936年の民主党のフランクリン・ルーズベルトと共和党のランドンが争ったアメリカ大統領選挙におけるリーダースダイジェスト社の予測調査があげられる。同社はランドンの勝利を予測したが、ルーズベルトの大

勝利に終わった。原因は郵送調査の回収率の低さ（23%）と、回答者のランドン支持者への偏りにあった（マンジョーニ, T. W., 1995）。

また、アメリカで妊娠中絶の合法化に関する質問を行った時、郵送調査では89%、電話調査では62%、面接調査では70%が賛成と、調査手法によって大差があったという指摘もある（ワイスマン, F., 1972）。

【4】 電話調査

電話調査は、調査員が調査対象者宅に電話をかけ、口頭で質問を行い、対象者から口頭で得た回答を調査員が調査票に記入する他記式調査である。現在では、自動的に合成音声で質問し、電話機のプッシュボタンで回答させ、回答データを上り回線を通じて直接サーバーに収集・保存するCATI（Computer Aided Telephone Interviewing）も用いられている。

電話調査の特徴、長所、短所は、下記の通りである。

【特徴】
① 対象者に評価対象物などを提示する必要がある場合は、その対象物を事前に送付しておかねばならない。
② 多くの選択肢から該当する項目を選択する回答形式（多項分類型）の場合、面接調査のように選択肢カードを提示できないので、選択肢を1つずつ読み上げて回答を得ることを繰り返すこととなる。なお、電話調査に限らず、同じ質問を方法を変えて調査すると、異なった回答傾向を示すことに留意する必要がある（鈴木、島崎、1995）。

【長所】
① 調査員数と電話台数を増やせば、短期間で調査を実施できる。
② 電話を利用するので、対象者が広範囲に散在していても、調査実施が容易である。また、遠隔地の調査であっても、経費が増えるのは電話料金のみである。
③ 調査員が対象者宅を訪問しないので、経費を低減できる。
④ 1対1で電話で話すので、対象者を間違えることはない。
⑤ 調査員が質問文・選択肢を読み上げて実施するので、誤答は少な

い。

【短所】
① 電話によるセールス・勧誘が多い今日、電話調査も同様の目的と疑われ、対象者に電話を切られてしまうことが多い。したがって、回収率は低い。
② 電話を通じて調査を実施するので、面接調査のような調査員と対象者の信頼関係（ラポール）を築きにくく、拒否率が高い。
③ 特に、自動音声で行うCATIは、最初から電話を切られてしまう傾向がある。
④ 調査が長時間にわたると、対象者が嫌気がさしたり、飽きたりして、途中で回答を拒否する可能性が高くなる。経験的に、調査実施可能な時間は15分程度である。
⑤ 調査員と対象者が電話でやりとりするので、調査員の人的要素が回答に影響を与える可能性がある。

【5】 パネル調査

　パネル調査とは、同一対象者に対して、時間をおいて複数回調査を実施するものである。この対象者の集団をパネル、あるいはモニターと呼ぶ。本来、同一標本に同一内容の調査を複数回実施するものを指したが、今日では一般的に、同一標本に異なる内容の調査を繰り返し実施するものも指す（島崎、2008）。
　パネル調査の実施手法は、前掲の面接調査、留め置き調査、郵送調査、電話調査、あるいはインターネット・リサーチなどのいずれでもよい。ただし、同一内容の調査を繰り返し実施し、各回の調査結果を比較したり、変化を追跡しようとする場合は、手法を変えると調査結果の傾向も変動するので、一般的には同一手法を採用するべきである。
　パネル調査の長所、短所は、下記の通りである。

【長所】
① パネルは、一定回数あるいは一定期間、調査に協力することを応

諾した標本で構成されるので、回収率が高い。
② 多くの標本によってパネルを構成すれば、その中から特定層を抽出して調査することが可能となる。
③ 同一調査を複数回調査する追跡調査や補足調査は、実施しやすい。

【短所】
① パネルを構成する標本では、度重なる調査経験によって調査企画者の意図や仮説を先取りするなど、学習効果による回答傾向に偏りが生じる。これを排除するためには、調査経験が一定回数に達した標本をパネルからはずし、新たな標本に入れ替える必要がある。
② パネルは、時間の経過とともに、標本の転居や途中脱落などによって疲弊する。そこで、計画的に標本を補充する必要がある。

2 標本抽出と推計

マーケティング・リサーチで一般的標本を用いる場合は、長年にわたって住民基本台帳を対象者の抽出台帳として利用してきた。しかし、近年、個人情報保護法の施行などに伴い、マーケティング・リサーチでの住民基本台帳の利用は不可能となった。そこで、本節では、住民基本台帳の利用に代替する標本抽出法に力点をおいて述べる。

【1】 母集団と標本

① 母集団の規定

標本調査では、調査対象者を抽出するにあたって、まず、母集団を規定しなければならない。例えば、女性用化粧品の使用評価を得ることを目的とする調査では、対象者は化粧品を使用する女性であることを勘案して、15歳以上の女性に限定するのが妥当であろう。年齢の上限も必要であるかもしれない。さらに、これまでの企業活動の蓄積から、都市部の評価と地方の評価に大きな差はなく、都市部では評価がやや先鋭に表出されることが分かっている。そこで、都市部を調査すればよい。この

調査の母集団は、首都圏50km圏に居住する15歳以上〇〇歳までの女性と規定される。このような調査対象者の規定方法は、悉皆調査でも同様である。

② 標本の性格

標本調査では、調査単位のすべてを調査する悉皆調査と異なり、母集団の一部の調査単位を標本として抽出して、その標本を対象に調査を行う。この標本調査の結果から、母集団の傾向を推計するのが、標本調査である。

標本調査の結果から母集団の傾向を推計するためには、標本の姿（分布）は母集団の姿（分布）に近似していなければならない。近似していなければ、推計した母集団の傾向は歪んでしまう。

母集団の姿に近似させて標本を抽出するためには、統計学によって保証された無作為抽出法を用いねばならない。無作為とは、標本抽出にあたって、調査企画者や実施者の何らかの意思が入っていないという意味である。

例えば、女性用化粧品の調査にあたって、調査企画者が所属する会社の同僚の女性、委託先の調査会社の女性社員、近隣や友人の女性を対象にしたとする。これらの標本は、調査企画者との関係によって明らかに偏りをもっており、無作為標本ではない。このような標本を有意抽出による有意標本と呼ぶ。有意標本を用いた調査結果からは、母集団の傾向を推計することはできない。

【2】 確率抽出法

確率抽出法は、母集団数と標本数が調査実施前に確定している時に用いる標本抽出法である。

例えば、首都圏50km圏で個人調査を行う場合を検討してみる。東京都、神奈川県、埼玉県、千葉県の人口数（市区町村別、町丁別等）は、年1回、住民基本台帳の登録数を基に算出され、各都県の統計協会や統計課

から冊子として発行されるか、インターネットで公開されている。これを入手すれば、調査地域の母集団数は確定する。他方で、標本数の設計が終わっていれば、母集団数と標本数の双方が確定しているので、標本抽出に確率抽出法を用いることになる。

　何らかのユーザー・リストから標本を抽出するケースも検討してみる。リストに載っているユーザー数を数えれば、母集団数は確定する。他方で標本数を決定していれば、これも母集団数と標本数が調査実施以前に判明しているので、標本抽出に確率抽出法を用いることとなる。

　確率抽出法には、乱数表を用いるランダム抽出法、系統抽出法とクラスター抽出法がある。ここでは、マーケティング・リサーチでよく使われるランダム抽出法と系統抽出法について述べる。

　① 乱数表を用いるランダム抽出法

　乱数表とは、無作為に選んだ数字を不規則に並べた行列からなる表であり、調査法の書籍に付表として掲載されていることが多い。

　ランダム抽出法では、まず母集団の調査単位に、並び順に従って連番をふる。乱数表から数値を抽出し、その数値に該当する番号の調査単位を標本として抽出する。したがって、抽出過程で抽出者の意思が関与する余地はなく、抽出された標本は無作為標本である。抽出作業の詳細については、拙著（島崎、2008）を参照されたい。なお、パーソナル・コンピュータの表計算ソフトには乱数関数が含まれており、簡単に乱数表を作成することができる。書籍に載っている乱数表を繰り返し使用することによって、同じ数値に該当する標本を何回も抽出する危険を犯すよりも、表計算ソフトを利用して、調査ごとに新しい乱数表を作成して使う方が妥当であろう。

　② 系統抽出法

　系統抽出法は、母集団の調査単位から等間隔に標本を抽出する方法である。ランダム抽出と同様に、まず母集団の調査単位に、並び順に従って連番をふる。次に、母集団数を標本数で除算して、抽出間隔を算出す

る。さらに、抽出間隔以内の数値を乱数表から抽出して、その数値に該当する番号の調査単位を、最初の標本として抽出する。以下、抽出間隔に従って、等間隔に標本を抽出していく。なお、抽出間隔の計算時に小数点以下の値が算出された場合は、切り捨てとする。

なお、母集団の調査単位が一定の規準で繰り返し並んでいる時には、系統抽出は避けた方がよい。例えば、母集団リストが、夫・妻・子・夫・妻・子………と並んでおり、抽出間隔が3であれば、最初に妻を抽出すると、妻ばかり抽出する結果となってしまう。系統抽出の採用にあたっては、母集団リストの並び方の吟味が重要である。詳細な作業手順は、拙著（島崎、2008）を参照されたい。

【3】 確率比例2段抽出法

本章2-〔2〕で確率抽出法を紹介したが、調査地域が広範囲であり、調査員を使う面接調査や留め置き調査では、標本抽出にランダム抽出法や系統抽出法をそのまま適用するのは妥当性に欠けるといえる。例えば、首都圏50km圏に居住する15～69歳の男女個人を対象とする調査で、ランダム抽出法や系統抽出法で抽出すれば、標本は広範囲に点在することとなり、1つの標本を調査するのに要する時間と労力は膨大なものとなる。これは、調査実施効率、対費用効果の面から不可能に近い。

そこで、調査実施が可能なように、いくつかずつの標本の塊を抽出するのが確率比例2段抽出である。確率比例2段抽出における標本の塊は、10標本程度で構成するのが妥当であるといわれている（林知己夫、村山孝善、1970）。なお、この標本の塊を調査地点と呼ぶことが多い。

例えば、母集団の調査単位数が100,000、標本数が1,000の場合を想定してみる。標本の塊1つあたりの標本数を10とすると、標本10ずつの塊が100個となる。

確率比例2段抽出の第1段階は、母集団から100個の塊を系統抽出で抽出する（系統抽出は本書III-2-〔2〕-②「系統抽出法」を参照）。第2段階は、これまで住民基本台帳を利用して、20人間隔で標本となる対象

者個人を抽出することが多かった。この抽出間隔は、同一世帯から複数の標本を抽出することがないように、また、隣の世帯から次の標本を抽出することがないようにするためである。なお、世帯調査では、10世帯間隔が一般的である。詳細な作業手順は、拙著（島崎、2008）を参照されたい。

ところで、前掲の通り、標本抽出にあたって、住民基本台帳を利用することが不可能となった。これに代替する手法は後掲する。

【4】 割当抽出法

割当抽出法（クォータ・サンプリング）とは、標本抽出の設計時に、対象者属性などの割当条件を用いて条件ごとの対象者数を決定し、調査員が調査現場で指定条件に合致する対象を探して（抽出して）、調査を実施する方法であり、同時サンプリングと呼ばれる。

この手法は、マーケティング・リサーチでは前掲の確率比例2段抽出の2段目の抽出に適用することで、多用されてきた。

具体的には、確率比例2段抽出の1段目は、前項と同様の方法で実施し、2段目は割当法で行う。例えば、一般的な個人調査であれば、性と年齢を割当条件として指定するのが妥当であろう。そこで、各調査地点について、表Ⅲ-1のような指定を行い、調査員に各地点で割当に合致する対象者を探し、調査を実施させる。

●表Ⅲ-1　割当抽出法の事例（1調査地点あたり）

	20歳代	30歳代	40歳代	50歳代	60歳代	計
男	1	1	1	1	1	5
女	1	1	1	1	1	5
計	2	2	2	2	2	10人

調査実施の現場では、隣の調査地点と重ならないように、円を描くように対象者を探していく。また、前節で述べた理由で、10世帯おきに対象者を探していく（図Ⅲ-1参照）。

●図Ⅲ-1　割当抽出法の第2段階の抽出方法の一例

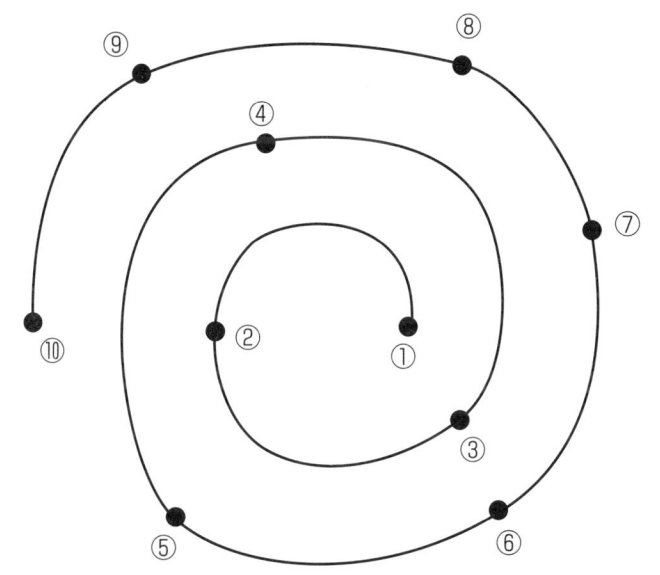

(出典：島崎『社会調査の実際』第六版、2008)

　なお、対象者数を指定する時に使う割当条件は、調査目的によって変わる。例えば、冷凍食品の調査で主婦が対象であれば、主婦の年齢と専業主婦・有職主婦別を割当条件として採用するのが妥当であろう。
　この対象者の割当条件については、多くの条件を用いて細分化すると、調査員がすべての分類の該当者を探すことが困難になる。2条件で10分類程度を目安とするのが妥当であろう。
　また、このような割当は、標本の分布を母集団分布に近似させることを目的としているので、割当条件に関する統計資料を探して、その分布に従って標本数を割り当てるべきである。
　この割当抽出法は、アメリカでもブロックを抽出し、抽出したブロック内の抽出順で順路を調査員に指示し、割り付けられた条件に合致する標本を抽出し調査する方法で多用されている。
　しかし、割当抽出法には、①対象者の在宅率による偏り、②割当に利用する条件が不十分、③調査員が対象者を選択する時の偏り、④割り付

け条件となる層の分布などの情報が不正確といった問題点があり（鈴木達三、高橋宏一、1998）、抽出された標本の姿は必ずしも母集団の傾向を的確に反映したものではない。

1948年のトルーマン（Truman, H. S.）とデューイ（Dewey, T. E.）による大統領選挙の事前予測調査のように、割当抽出法を利用した失敗例もある。マーケティング・リサーチでは、選挙結果の予測調査のように調査直後に結果が判然とすることは少ないが、この例と同様の失敗を犯す可能性はあるので、割当抽出法を用いるにあたっては割り付け条件等の十分な吟味が必要である。

以上のような割当抽出法の精度を上げるために、2段目の標本割り当て時に住宅地図を利用する方法もある。第1段階で抽出された標本の塊が居住する町丁について、地図を用いて最終地番を調べ、最終地番の数字内で乱数によって1つの地番を抽出する（枝番がある場合は、同様にして枝番も抽出する）。このようにして抽出した地番に相当する家屋を住宅地図を用いて特定し、この標本の塊における1番目の標本の居住する家屋とする。この家屋を基点に、図Ⅲ-1で示したように、渦巻き状に10世帯おきに家屋を抽出していく。

世帯調査の場合は、抽出された家屋に居住する世帯を調査対象とし、個人調査の場合は、この家屋に居住する世帯の構成員を対象とする。転居によって居住者が異なる場合は、現居住者を対象とすればよい。

個人調査の場合は、抽出された家屋の世帯構成員の中から、表Ⅲ-1で示したような個人属性などによる割り当てに従って、対象者を抽出・調査すればよい。

なお、指定された条件に該当する世帯あるいは個人を指定数だけ調査するには、条件を満たさない世帯・個人が相当数出現することを想定して、多くの家屋を抽出しておく必要がある。

これらの手法の詳細な作業手順は、拙著（島崎、2008）を参照されたい。

【5】 メッシュ法

　5年に1度実施される国勢調査の結果は、一般的な集計結果のほかに、全国を500m四方に区分したメッシュ・データとしてもとりまとめられている。この500mメッシュ・データには、人口数、世帯数などのさまざまな情報が含まれている。この情報を利用して標本抽出を行うのが、メッシュ法である。

　ここでは、個人調査の手法を紹介しておく。まず、調査地域内のすべてのメッシュの中から、調査対象とするメッシュを乱数を用いてランダム抽出する。抽出した調査対象メッシュの人口数の合計を算出し、各メッシュの人口数に比例して、メッシュごとに標本数を配分する。この時、各メッシュの標本数の平均が10標本になるようにして、抽出メッシュ数を決定すればよい。

　さらに、個人属性などによる標本全体の割当数を、調査対象メッシュごとの標本数に応じて、各メッシュに割り当てる。この割り当てに従って、調査員が各メッシュで対象個人を抽出・調査すればよい。

　ところで、メッシュ法を用いる場合、地面にはメッシュの境界が書かれていないので、第2段階の対象者の抽出を調査員任せにすると、隣接するメッシュに侵入して抽出してしまう可能性が大である。そこで、メッシュ法を採用する場合、メッシュの境界を示した地図を調査員に渡しておくか、住宅地図を用いてメッシュ内の家屋を抽出・指定しておくべきである（住宅地図の利用は、本書Ⅲ-2-〔4〕「割当抽出法」を参照）。

　これらの手法の詳細な作業手順についても、拙著（島崎、2008）を参照されたい。

【6】 多段抽出法

　前掲の通り、確率比例2段抽出法では、1段目は標本の塊（地点）を抽出し、2段目で調査対象者を抽出する。また、確率比例2段抽出法を

用いて世帯を抽出し、世帯調査を行い、次に、抽出された世帯構成員の中から個人を抽出し、個人調査を行うケースもある。このような抽出方法を用いるのは、経費効率のためである。この場合の世帯の抽出方法は確率比例2段抽出法であり、個人の抽出方法は確率比例3段抽出法である。これらの抽出法を、多段抽出法と呼ぶ。

【7】 層化抽出法

層化抽出法とは、母集団の調査単位をいくつかの層に分けて、その層ごとに抽出を行う方法である。

例えば、表Ⅲ-2の車の調査のようなケースである。3つの車種はいずれも大衆車で、この調査の目的は3つの車種の評価を比較すると同時に、大衆車全体の評価傾向も把握することにある。標本抽出にあたって、3車合計16,000台のユーザーから抽出間隔1／100の系統抽出法で抽出すれば、標本数は、A車は100、B車は50、C車は10となり、A車の標本は分析可能な数を確保できるが、B車とC車は分析可能な標本数を確保できない。ランダム抽出法を用いても、ほぼ同様の標本数となる。

もし、C車で分析に足る標本数、例えば100標本を確保しようとすれば、A車は1,000標本、B車は500標本で合計1,600標本となり、経費が膨大に膨らむ。

そこで、母集団を車種別に3つの層に分け、各車の標本数を100ずつにすれば、各車ごとの分析が可能となる。このような抽出方法を層別抽

●表Ⅲ-2　層別抽出法とウエイトバック集計（車の調査事例）

	年間登録台数	全体で統計抽出（抽出率1/100）	各車種同数の標本数	抽出率	全体集計のためのウエイト	ウエイト・バック後の台数
A車	10,000	100	100	1/100	100	10,000
B車	5,000	50	100	1/50	50	5,000
C車	1,000	10	100	1/10	10	1,000
合計	16,000	160	300	―	―	16,000

出法という。

　この場合、各車の標本抽出率が異なるので、3車合計の300標本で大衆車全体の傾向を測ろうとすると歪んだ傾向となってしまう。全体の傾向をみる時は、集計時に各車の抽出率の違いに見合うウエイトをかけて（ウエイト・バック）集計する必要がある。

【8】 等確率抽出法

　等確率抽出法とは、母集団の調査単位数が事前に判明していない場合に用いる標本抽出法である。このように、母集団数が判明せず抽出確率がわからない場合の抽出方法を非確率抽出法と呼ぶ。例えば、平日における百貨店の来店客調査を想定してみる。来店客数は天候や周辺でのイベントなどに左右されるため、事前にはわからない。正確な数が判明するのは、当日閉店時点である。

　このような場合、来店客のおおよその予測数を基に、必要標本数で除算して抽出間隔を算出して、系統抽出で調査を行う。この時、来店客数は低めに予測しておくのが妥当である。開店時に調査を開始し、閉店時に調査を終了して、はじめて来店客数（母集団数）と調査対象者数（標本数）が確定する。来店客数が多ければ標本数も多くなり、来店客数が少なければ標本数も少なくなる。この手法が、等確率抽出法である。

　等確率抽出法を用いる場合、守らねばならないことが2つある。1つ目は、来店客が少ないからといって抽出間隔を狭めたり、来店客数が多いからといって抽出間隔を広げたりしてならないという点である。来店客数の状況に応じて抽出間隔を変えると、変更時点の前後で抽出率が異なり、調査結果が歪むからである。

　2つ目は、来店客数が多く、十分な標本を回収できたからといって、閉店前、途中で調査を打ち切ってはならないという点である。平日の百貨店の来店客は、昼間の客層と夕方以降の客層が異なる。オフィス街やターミナル駅近くの店舗では、夕方以降、共稼ぎのOLが食品売場に多数訪れるなどの傾向がある。夕方以前に調査を打ち切ると、このような

客層が標本に含まれず、調査結果が歪むからである。

【9】 タイム・サンプリング

　前掲の百貨店の来店者調査の場合、平日ならば夕方までの来店客数は比較的少なく、夕方に来店客が集中するであろう。標本は系統抽出法で等間隔に抽出するので、夕方の来店客のピーク時の調査実施状況に合わせて、必要な調査員を用意することとなる。すると、調査員は相当な人数となるが、これらの調査員は昼間は暇を持て余すこととなり、調査効率が悪い。

　そこで、時間帯単位で同数ずつの標本を抽出するのが、タイム・サンプリングである。例えば、10時開店で20時閉店の場合で、300標本調査したければ、1時間ごとに30標本ずつ調査することとなり、2分おきに1標本調査すればよい。このようにすれば、系統抽出に比べて、調査員の各時間帯の労働量は一定になり、しかも調査員数は少なくて済む。

　ただし、各時間帯の来店客数の多少にかかわらず、1時間あたり30標本を調査しているので、集計時には時間帯ごとに来店客数に戻すウエイト・バック集計を行う必要がある（ウエイト・バック集計は本書Ⅲ-2-〔7〕「層化抽出法」を参照）。

【10】 RDD法

　RDD法は、固定電話の番号を乱数を用いて抽出する方法である。近年、電話番号の電話帳掲載率は、電話セールスや電話による振り込め詐欺などの影響で、極端に低下している。したがって、電話帳を対象者抽出リストに用いると、母集団そのものが大きく歪んでしまう。

　そこで電話帳に代わって、乱数によって電話番号を抽出し、それを標本とするのがRDD法である。日本国内の固定電話の番号は、例えば、東京は03-××××-××××、横浜は045-×××-××××、沖縄の石垣は0980-××-××××というように、市外局番を含めるとすべて10桁

で成り立っている。そこで、次のような手順で電話番号を抽出する。まず、市外局番と市内局番の対応地域は公表されているので、調査地域に合わせて選択すればよい。その上で、下4桁の固定電話の固有番号について、乱数を用いて電話番号を抽出すればよいのであるが、この手法は実際上の問題がある。調査対象者を一般家庭であるとすると、電話番号の中には使われていない番号があるし、使われている番号の中には事業所用電話も含まれているため、下4桁を乱数で抽出して調査を行うと、一般家庭にあたる確率が低く、調査効率が悪くなる。そこで、下4桁のうち最初の2桁00～99ごとに100個ずつの電話番号の束を作る。この束ごとに、電話帳照合などの方法で家庭用電話の発生を確認する。その発生件数によって、電話番号100個から成る束ごと、調査対象として採用するか、除外するかを決定する。採用された束について、下4桁の後2桁の乱数を起こし、調査対象となる電話番号を抽出する。このような方法を採用すると、一般家庭にあたる確率が高くなり、調査効率が改善される（佐藤武嗣、2002）。なお、電話番号100個ずつの束の調査対象としての採用基準をどのようにするかについては、検討を要する。家庭用電話の発生件数または発生率を低くすれば、多くの束が採用され、調査結果の信頼性は高くなるが、調査効率は上がらない。この採用基準を高くすれば、採用する束は少なくなり、調査効率は上がるが、結果の信頼性は低下する。

　なお、RDD法は電話番号を抽出する方法であり、世帯調査の場合はこれでよいが、個人調査の場合は、さらに個人を抽出するための過程が必要となる。この過程には、割当法（本書Ⅲ-2-〔4〕「割当抽出法」を参照）やリスト法を用いることが多い。

【11】標本誤差

　標本調査は母集団の調査単位の一部を標本として調査し、その調査結果から母集団の傾向を推計する手法である。調査単位の一部しか調査しないので、母集団の傾向の推計時には誤差が生じる。これが、標本誤差

である。

　この標本誤差の大小によって、母集団傾向の推計の信頼度が左右される。標本誤差の大小を決める大きな要素は、標本数である。したがって、調査設計時の標本数決定にあたっては、標本誤差に十分配慮する必要がある。

　以下、標本誤差の計算式と母集団の傾向を推計するにあたっての誤差の式をあげておくが、その実際の計算例と、標本誤差の早見表およびその利用方法については、拙著（島崎、2008）を参照されたい。

　① 平均値の標本誤差と推計
平均値の標本誤差の計算は、次の式に従う。

$$\varepsilon = 1.96\sqrt{\frac{N-n}{N-1} \cdot \frac{s^2}{n}} \qquad \cdots\cdots\cdots 3.1$$

　　N：母集団の数
　　n：回収できた標本の数
　　s^2：標本調査で得られた平均値の分散
　　1.96：95％の信頼度を示す規準型正規分布の z の値
　　　　（$-1.96 < z < 1.96$ の時、z の面積は95％）

したがって、95％の信頼度で推計された母集団の平均値は、次式に従って計算される。

$$\bar{x} - \varepsilon < \bar{X} < \bar{x} + \varepsilon \qquad \cdots\cdots\cdots 3.2$$

　　$\bar{x}$：標本調査で得られた平均値
　　ε：3.1式で計算された標本誤差
　　$\bar{X}$：母集団の平均の推計値

なお、3.1式については、次のように考えられる。
母集団数が大きければ、

$$\frac{N-n}{N-1} \fallingdotseq 1 \qquad \cdots\cdots\cdots 3.3$$

したがって、

$$\varepsilon = 1.96\sqrt{\frac{N-n}{N-1}\cdot\frac{s^2}{n}} \fallingdotseq 1.96\sqrt{\frac{s^2}{n}} \quad \cdots\cdots\cdots 3.4$$

　上記の点は、以下の標本誤差と推計についても同様である。
　また、調査では信頼度は通常95％を用いる。他の信頼度を用いる場合は、社会調査法の書籍の正規分布表を参照して、zの値を変えればよい。以下の標本誤差と推計についても同様である。

② 　割合の標本誤差と推計
　割合の標本誤差の計算は、次の式に従う。

$$\varepsilon = 1.96\sqrt{\frac{N-n}{N-1}\cdot\frac{p(1-p)}{n}} \quad \cdots\cdots\cdots 3.5$$

　　N：母集団の数
　　n：回収できた標本の数
　　p：標本調査で得られた回答の割合（確率）
　1.96：95％の信頼度を示す規準型正規分布のzの値
　　　　（$-1.96<z<1.96$の時、zの面積は95％）

　したがって、95％の信頼度で推計された母集団の割合は、次式に従って計算される。

$$p-\varepsilon < P < p+\varepsilon \quad \cdots\cdots\cdots 3.6$$

　　p：標本調査で得られた割合
　　ε：3.5式で計算された標本誤差
　　P：母集団の割合の推計値

③ 　2段抽出の場合の標本誤差と推計
　2段抽出の場合の平均値の標本誤差、および母集団の平均値の推計は、慣用的に次式に従う。

$$\varepsilon = 1.96\sqrt{2\frac{N-n}{N-1}\cdot\frac{s^2}{n}} \qquad \cdots\cdots\cdots 3.7$$

$$\bar{x}-\varepsilon < \bar{X} < \bar{x}+\varepsilon \qquad \cdots\cdots\cdots 3.8$$

2段抽出の場合の割合の標本誤差、および母数団の割合の推計は、慣用的に次式に従う。

$$\varepsilon = 1.96\sqrt{2\frac{N-n}{N-1}\cdot\frac{p(1-p)}{n}} \qquad \cdots\cdots\cdots 3.9$$

$$p-\varepsilon < P < p+\varepsilon \qquad \cdots\cdots\cdots 3.10$$

上記の式に示した通り、平均値でも割合でも、2段抽出の場合の標本誤差は、慣用的ではあるが、1段抽出の場合の$\sqrt{2}$倍、すなわち1.4倍程度となる。

④ 標本誤差からみた標本数の設計

同じ標本数の場合、調査で得た割合の標本誤差は、その割合が50%（確率では0.5）の時最大となる。したがって、標本数を設定する時は、割合が50%の時の標本誤差をどの程度に抑えるかを考えればよい。この関係から標本数を計算する式は、下記の通りである。

$$n = \frac{p(1-p)}{\left(\frac{\varepsilon}{z}\right)^2} \qquad \cdots\cdots\cdots 3.11$$

z：95%の信頼度であれば、1.96

以上の計算の詳細と計算例については、拙著（島崎、2008）を参照されたい。

なお、95%の信頼度とは、同じ母集団から無作為抽出を100回行い100回調査を行ったら、そのうち95回の調査結果は上記の母集団の推計値に入る（$p-\varepsilon < p < p+\varepsilon$）という意味である（朝野熈彦、上田隆穂、2000）。したがって、2.5回は$p-\varepsilon$以下、2.5回は$p+\varepsilon$以上にはずれると考え

られる。

　ところで、標本誤差の計算には、調査回収率の要素は加味されていない。設計された標本すべてについて、調査が完了することを前提としている。実際の調査では、回収率が100％になることはほとんどない。回収標本と未回収標本が等質ではないという問題はあるが、一般的に調査終了後の標本誤差の計算にあたっては、上記各式の n に回収票本数を入れて計算する（回収率による標本誤差の問題点は本書Ⅲ-4-〔3〕「回収率と推計」を参照）。

　標本設計にあたっても、回収率を加味しておく必要がある。そこで、次式に従って、回収率を加味した設計上の標本数を算出する。

$$n_2 = n_1/k \quad \cdots\cdots\cdots 3.12$$

　　n_1：標本誤差から計算した回収必要標本数
　　n_2：調査設計上の標本数
　　k：予測回収率

【12】 予備標本の使用

　調査結果の分析に必要な回収標本数を確保するために、調査不能となった正規標本の代わりに、代替標本を調査するケースがみられる。

　本来、代替標本は使用するべきではないといわれているが、使用する場合はその代替標本も無作為標本でなければならない。したがって、正規標本の抽出時に、代替標本を予備標本として抽出しておくべきである。

　しかし、調査が困難な正規標本、例えば在宅率が低い標本が回収不能となり、代わりに調査がしやすい予備標本、例えば在宅率が高い標本を回収するといった偏向が生じる恐れが多分にある。

　そこで、回収された正規標本と予備標本別に調査結果を集計し、偏りが生じているかを確認する必要がある（近藤光雄、2004）。

　なお、回収率を計算する際には、正規標本数に使用した予備標本数を加えた数を分母として計算しなければならない。

❸ 調査票の設計

　質問と選択肢からなる調査票を用いる手法は、同じ規準ですべての対象者を測定しようとするもので、構成的手法にあたる。そこで、すべての対象者が調査票の内容を同じように解釈できるように、作成する必要がある。

　また、調査結果を用いて仮説検証を行うのであるから、そのために用いる質問はすべて含まれていなければならない。

　さらに、次の点も重要である。マーケティング・リサーチはマーケティング上の課題に対して、事実に基づいた知見をもって解決のための資料を提出しなければならない。したがって、調査票は事実に関する知見を得るべく、中立的態度で作成しなければならない。何故ならば、調査票の設計次第で対象者の回答を一定の方向に導くことが可能であるからである。対象者に仮説が正しいという質問・選択肢しか与えなければ、仮説が採択される回答が導き出される。仮説は文字通り仮の説であるから、否定(棄却)されることもある。ところが、マーケティング・リサーチを利用するものの中には、仮説検証型調査とは、仮説が正しいことを証明するための調査であると誤解しているものもいる（朝野、2000）。そこで、仮説は採択と棄却の両方の可能性をもっているのであるから、質問・選択肢も肯定・否定の両面を中立的に提示しなければならないのである。

　これらの点に十分に留意して、調査票を作成しなければならない。

【1】 調査票作成の一般的手順

　調査票は、一般的に次の手順に従って作成する
　① 調査課題
　　↓
　② 仮説の構築

　　　　　・調査課題解決のための仮説を検討・構築する
③　作業仮説への展開
　　　　　・仮説を計測可能な作業仮説に展開する
④　調査項目の確定
　　　　　・作業仮説に対応する調査項目を検討・決定する
⑤　質問文の作成
　　　　　・調査項目ごとに質問文を作成する
⑥　回答形式の決定
　　　　　・質問ごとに、自由回答型、プリコード型などの回答形式を決定する
⑦　選択肢の作成
　　　　　・（プリコード型の場合）選択肢を作成する
⑧　質問順の並べ替え
　　　　　・対象者を調査に導入しやすいように、質問を並べ替える
⑨　質問の欠落の有無をチェック
　　　　　・仮説検証に必要な質問が欠落していないか、チェックする
　　　　　・必要のない質問が入っている場合は、削除する
⑩　ワーディングの整頓
　　　　　・質問文・選択肢の言葉遣いを整える
⑪　プリテスト
　　　　　・調査対象者が、調査票作成者の意図通りに、質問・選択肢を理解
　　　　　　できるかをテストする
⑫　調査票の修正
　　　　　・プリテストで問題があった箇所を、検討・修正する
⑬　調査票の確定

【2】調査票作成時の留意事項

　いずれの手法を用いるにしても、次の諸点に留意して調査票を作成しなければならない（島崎、2008）。
　(イ)　調査対象者の思考や態度、生活状況などを念頭において、調査票

を作成しなければ、信頼性に欠けたデータしか得られない（西田春彦、新睦人、1976）。例えば、対象者は1週間の閲読雑誌数は回答できても、1年間の閲読雑誌数は、誰も答えられないであろう。調査企画者がどうしても入手したい回答であっても、対象者の生活状況に合わせて質問を設計するべきである。

(ロ) 仮説検証に必要な質問をすべて調査票に盛り込む。必要な項目をひとつでも入れ忘れると、仮説検証が不可能になる。調査票が完成したら、仮説検証に必要な質問が欠落していないか、必ずチェックする。

(ハ) 仮説検証などの調査目的に即して調査票を作成し、調査課題と無関係な質問を盛り込んで、質問量を増やさない。

　もちろん、仮説検証のための質問の他に、関連する事実探索のための質問も必要な場合がある。しかし、無関係な質問を多数入れれば膨大な質問量となり、対象者の負担が増える。マーケティング・リサーチは、対象者に強制できるものではなく、あくまで協力を仰いで実施するものであり、自ずと質問量には限界がある。この点への配慮を忘れると、拒否が増えたり、信頼性に乏しい回答が増えることとなる。

　アーカーらも、面接調査を例に時間圧力と対象者の疲労をあげて、面接が長く続くにつれ、回答の正確さは低下すると指摘している（アーカー, D. A., デイ, G.S., 1980）。

(ニ) 質問文と選択肢は中立的に作成する。マーケティング・リサーチは事実を知ることが目的であるから、調査票は中立的に作成する必要があることは、本節序文で述べた。

　具体的には、回答を誘導しないために、質問文は下記のように肯定・否定を併記するのが原則である。

　　Q　このサービスを利用したいと思いますか、思いませんか。

　また、選択肢も下記のように肯定・否定に同じ数の選択肢を与え、肯定・否定を同じ強弱で表現する。

　　1　ぜひ利用したいと思う

2　利用したいと思う
　　3　どちらともいえない
　　4　利用したいと思わない
　　5　まったく利用したいと思わない
(ホ) 解析方法に即した調査票を作成する。例えば、複雑な生活意識の構造を解明するためや、特定の生活行動の要因を明らかにするために、データ分析に多変量解析を用いることがある。

　多変量解析にはさまざまな手法があるが、それぞれ解析の目的が異なり、データの制約もある（多変量解析は本書Ⅵ-6「多変量解析法」を参照）。データ分析に多変量解析を用いるのであれば、この点を顧慮して質問文・選択肢を設計しなければならない。

【3】質問文・回答選択肢の設計

① ワーディング

ワーディングとは、調査票の言葉遣いを指す。ワーディングは対象者の回答に影響を与えるので、下記の点に留意する必要がある（島崎、2008）。

(イ) 調査対象者のすべてが理解できる言葉を使う。業界などの専門用語や流行語はもちろん、カタカナ名称もできるだけ使わない。

(ロ) 多様に解釈できる言葉は使わない。「おさけ」は、アルコール飲料全体を指すとも、日本酒を指すとも解釈できる。調査票で使うと、対象者がどちらに解釈したかで回答が変わる。

(ハ) 質問の範囲・条件を明確にする。「牛乳を飲みますか」との質問で、「お宅では」か「あなたは」かで回答が異なる。

(ニ) 差別用語、嫌悪感や反感をもたれる言葉や、プラス・マイナスのステレオタイプの言葉は避ける。

　差別用語はもちろん使ってはならないし、対象者に嫌悪感や反感をもたれる言葉は、調査協力拒否を引き起こしたり、回答に大きな影響を及ぼす。のみならず、ステレオタイプの言葉も、プラスのステレオタイプならば回答が集まり、マイナスならば回答を避ける傾

向がある。

（ホ）　誘導的な表現は避ける。調査票の質問・選択肢を中立的に作成するべきことは、既に述べた通りである。偏った表現の質問を用いたり、一方向の選択肢のみを用意すると、対象者の回答はその方向に誘導される。

② **質問内容**
（イ）　ダブル・バーレルを避ける。ダブル・バーレルとは、下記の例のように、ひとつの質問にふたつの判断基準が入っているものを指す。
　　Q　次の食品のうち、美味しくて、健康増進によいと思うのはどれですか。
　このようなダブル・バーレルの質問の回答は、対象者が「美味しい」を重視したのか、「健康増進によい」を重視したのかで、回答傾向が変わる。しかも、後日、対象者に重視点を確認することは、不可能に近い。
（ロ）　一般に人びとを対象とする調査では、想像的なもの、長期的見通しなどの質問は避ける。例えば、一般の人びとに10年後のIT社会を想定させることは、困難である。一般の人びとにそのような質問を行うことは、避けるべきである。
　なお、そのような調査は、専門家を対象として、デルファイ法で実施することが多い（島崎、2008）。
（ハ）　対象者が回答しにくい質問は、推測法を用いる。性に関連することなど、本人に関する回答を得にくい質問は、周囲の人の行動や動機を聞き、対象者の本心を探り出す推測法を用いる。
（ニ）　必要に応じて、バイアス質問を用いる。バイアス質問は、対象者の回答を偏向させるので、用いてはならないのが原則である。
　しかし、必要に応じて用いなければならない場合もある。例えば、海外旅行の行き先について単に希望を聞くと、対象者の願望が混入し、近い将来のマーケットを推測するには不適切なデータとなる。このような場合、「ここ数年間で計画している海外旅行先は……」

などのバイアス質問を用いることとなる。
(ホ) 調査目的に合わせて質問内容・方法を変える。例えば、閲読新聞と、新聞全体の評価を得たい場合は、次のような質問構成となる。

Q1　あなたがふだんお読みになっている新聞は、次のどれですか。（複数回答）
Q2　新聞について、次の項目の中であなたのお考えにあてはまるものをあげてください。（複数回答）

この2つの質問で調査内容は達せられるが、Q1・Q2とも複数回答であるから、Q1とQ2のクロス集計を行っても、閲読紙ごとの評価は得られない。

閲読紙についての評価を得ることが目的であるならば、Q1の閲読紙ごとに、別々にQ2の評価を聞く必要がある。

③　質問・選択肢の配列
(イ) 導入しやすい質問から並べる。

マーケティング・リサーチの質問内容は、大別すると生活行動、生活意識・態度、個人や世帯の属性の3種類に分類できる。例えば、商品・サービスの利用経験などの生活行動の質問については、回答者は考えないで答えられるであろう。しかし、商品・サービスの利用意向やその理由などの質問については、回答者は考えて回答することとなろう。また、個人情報に対する保護意識の高まりの中で、個人や世帯に関する属性の質問については、十分な配慮が必要である。そこで、一般的には、すぐに回答が引き出せる生活行動、次に生活意識・態度、最後に属性質問の順に並べるのが妥当であろう。

(ロ) 対象者の思考の切り替えに配慮して質問を配列する。

例えば、海外旅行についての質問を、「前回の旅行の訪問国　→　次回の旅行の訪問国　→　前回の旅行目的　→　次回の旅行目的　→　前回の同伴者　→　次回の同伴者　→　……」の順で聞くよりも、「(前回の旅行の) 訪問国　→　旅行目的　→　同伴者　→　……　→　(次回の旅行の) 訪問国　→　旅行目的　→　同伴者　→　……」の順で聞く

方が、対象者の頭の切り替えが少なく、スムーズに回答を引き出すことができる。

(ハ) 対象者の属性については、不必要な質問を除外する。

今日のマーケティングでは、多くの商品・サービスについて、そのターゲットを定めてマーケティング活動を行っている。このようなターゲット・マーケティングの時代、マーケティング・リサーチでもターゲットを見出すために、個人や世帯の属性についての質問をせざるを得ない。しかし他方で、人びととの間では個人情報を聞かれることに対して警戒心が高まっている。

アーカーらは、ほとんどの回答者は調査それ自体をプライバシーの侵害とはみないが、詳細な個人的質問には寛容ではないと、所得の質問とその悪用の可能性を例にあげて指摘している（アーカー、デイ、1980）。

そこで、必要であれば属性についての質問をせざるを得ないが、既にリサーチ課題と無関係であると判明している属性の質問については、質問しないという配慮をするべきであろう。

なお、㈳日本マーケティング・リサーチ協会の調査によれば、調査対象となったことがある人びとが、答えたくないと回答した項目と比率は、

●表Ⅲ-3　調査対象者が答えたくない質問項目

項目	%	項目	%
携帯電話番号	72%	住所／市町村	28
自宅電話番号	71	最終学歴	26
世帯年収	66	職業	25
個人年収	63	郵便番号	22
メール・アドレス	60	未既婚	12
住所／番地・部屋番号	54	年代	12
氏名	49	性別	8
住所／町丁字	39	その他	1
生年月日	37	特にない	7
家族構成	31	標本数	1,060

（出典：㈳日本マーケティング・リサーチ協会被調査者の調査研究委員会編「平成18年度調査技術研究部会報告書」2007）

表Ⅲ-3の通りである。

㈡　対象者が答えやすいように、選択肢を配列する。

　選択肢は、対象者の認知や回答のしやすさを考えて配列する。下記の選択肢のA配列は、日本人海外旅行者数の多い順に配列したものであり、B配列はA配列の国を地域別に配列したものである。B配列の方が対象者が回答しやすいことは明白である。

　　Q　これまでに行ったことのある海外旅行の行き先に○印をつけてください。

＜選択肢A配列＞	＜選択肢B配列＞
アメリカ	（アジア）
中国	中国
韓国	韓国
ハワイ	タイ
タイ	香港
香港	シンガポール
グアム	インドネシア
ドイツ	：
シンガポール	：
イタリア	（オセアニア）
フランス	グアム
インドネシア	オーストラリア
オーストラリア	：
スイス	：
：	（ヨーロッパ）
：	ドイツ
	イタリア
	フランス
	スイス
	：
	：

第Ⅲ章／定量的手法の概説

(北米)
アメリカ
ハワイ
：
：

(ホ) 繰越効果を排除するように、質問・選択肢を配列する。

繰越効果（キャリーオーバー効果）とは、前の質問の回答が次の質問の回答に影響を与えたり、前の選択肢を選択したかどうかが次の選択肢の選択に影響を与えることを指す。

例えば、次のような消費行動に関する質問の場合、並べて質問すると、最初の質問で肯定的回答をした対象者は、次の質問で否定的回答をしがちになるであろう。これは、対象者が調査回答上での論理的整合性を追求しようとするためである。

Q 次の各質問項目について、あなた自身にあてはまる選択肢を選んで、○印をつけてください。
① 支出予定金額内で買い物をする方だ。
　1　あてはまる　　　　　　4　ややあてはまらない
　2　ややあてはまる　　　　5　あてはまらない
　3　どちらともいえない
② 欲しいものは、借金してでも買う方だ。
　1　あてはまる　　　　　　4　ややあてはまらない
　2　ややあてはまる　　　　5　あてはまらない
　3　どちらともいえない

人間は必ずしも合理的な存在ではなく、2つの質問の回答内容が不整合であってもおかしくない。調査は対象者の本音を求めているのであって、回答上の論理的整合性を求めているのではない。

質問票の作成にあたっては、対象者が回答しやすいように、似通った内容の質問や選択肢を近い位置に配置するのが原則であるが、繰越効果が予測される場合は、それを排除するために、質問や選択肢を離れた位置に配置しなければならない。

【4】 回答形式の設計

　質問票の回答形式は、次のように分類できる（島崎、2008）。質問票の作成にあたって、各質問の内容を吟味して、妥当な回答形式を選択しなければならない。

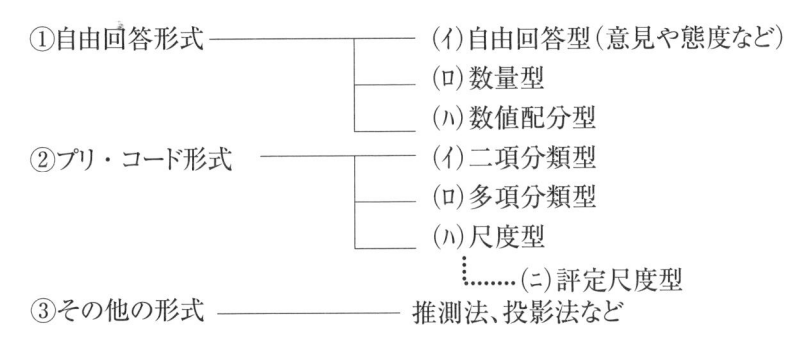

```
①自由回答形式 ──────┬── (イ)自由回答型（意見や態度など）
                    ├── (ロ)数量型
                    └── (ハ)数値配分型
②プリ・コード形式 ────┬── (イ)二項分類型
                    ├── (ロ)多項分類型
                    └── (ハ)尺度型
                           ┈┈(ニ)評定尺度型
③その他の形式 ─────── 推測法、投影法など
```

①　自由回答形式

　自由回答は、調査を実施する側、あるいは対象者の主観的判断に依存する第2種測定方法にあたる（島崎、2008）。

　(イ)　自由回答型（意見や態度など）

　対象者に意見・態度を自由に回答してもらう方式で、オープン・エンド型と呼ばれる。選択肢を提示するプリ・コード形式は、対象者に回答の枠組みを与えるが、自由回答型は枠組みを与えないため、調査企画者が想定できないような回答も把握できるのが利点である。

　しかし、対象者の主観的判断に依存するため、質問の主旨から外れた回答が多数出現することもある。また、対象者の性格を反映して、回答したいものが回答し、回答したくないものは回答しないといった傾向もみられる。無回答が多数にのぼることも多い。結果として、調査票という同じ尺度を用いて対象者を計測するという構成的手法から外れた回答となってしまう恐れもある。

　(ロ)　数量型

年齢、収入額、支出額、預貯金額、日数などを、対象者に実数で回答してもらう方式である。実数で得られたデータはプリ・コード形式で得られたデータより正確であるが、収入額、支出額、預貯金額などの対象者が回答したくないと感じる質問では、数量型よりプリ・コード形式の方が回答を得やすい。

(ハ) 数値配分型

例えば、エンゲル係数を知りたいとする。近ごろは多くの家庭で家計簿をつけていないので、支出に対する食費の割合を聞くことになろう。このように全体を100％として、特定部分の割合を聞く方式は、数値配分型のひとつである。

② プリ・コード形式

プリ・コード形式は、与えられた選択肢の中から、対象者に回答に該当する選択肢を選ばせる方式である。選択肢を与えることは、対象者に回答の枠組みを与えることを意味するので、選択肢の設計にあたっては十分な吟味が必要である（島崎、2008）。選択肢は、すべての対象者の回答がいずれかの選択肢に該当するように設計するのが原則である。

(イ) 二項分類型

二項分類型は、選択肢が「はい」と「いいえ」の二者択一の回答形式である。経験や所有などの生活行動に関する質問の回答は二項分類型でよいが、強弱の程度を必要とする意見や態度などの生活意識に関する質問の回答には、評定尺度型がよい。

(ロ) 多項分類型

3つ以上の選択肢の中から、回答に該当する選択肢を選ぶ方式が多項分類型である。多項分類型の中で該当する選択肢を1つ選ぶのがSA、該当する選択肢をいくつ選んでもよいのがMAである。さらに、MAの中で選択個数に2つまで、3つまでなどの制限を設けたものがLAである。

SAかMAかの形式は、対象者の生活実態に合わせて選択する。例えば、閲読紙はMAであり、主読紙はSAである。

LAを使うと、計測に使う尺度が対象者の主観によって大きく歪む可

能性があるので、十分な吟味が必要である。例えば、この1年間にしたことがあるスポーツを3つまであげさせると、スポーツ好きは多くの経験したスポーツから3つに絞るかもしれない。他方、スポーツ嫌いは、友人に誘われてたった1回やったビーチ・バレーまで含めてしまうかもしれない。これでは、対象者の主観によって、計測に使う尺度が異なってしまう。

　(ハ)　尺度型

　ここでいう尺度型は、数量をカテゴリーに分ける場合を指す。数量をカテゴリー化する時の原則や留意点は、下記の通りである。

・例えば100万円の場合、カテゴリーを「～100万円まで」とするのか、「～100万円未満」とするのかによって、属するカテゴリーが変わる。そこで、各カテゴリーの境界値を明確にする必要がある。

・カテゴリーの幅は、下記の例のように同じ値にするか、倍数約数の値を用いる。このようにすれば、集計の過程で妥当なカテゴリーのくくりが可能となる。

　　　1　～100万円まで
　　　2　～200万円まで
　　　3　～300万円まで
　　　4　～350万円まで
　　　5　～400万円まで
　　　6　～450万円まで
　　　7　～500万円まで
　　　8　～600万円まで
　　　　　：
　　　　　：

・以前に実施した調査の結果と比較する必要がある場合は、必ず以前の調査と同じカテゴリーを使用する。

・カテゴリーを新たに作成する場合は、国や自治体などの統計資料があれば、その分布状況を参考に作成する。

　(ニ)　評定尺度型

評定尺度型とは、量的測定を3段階以上に分類して測定する手法を指す。4段階以上で測定すれば強弱の程度を測定できるので、評価や意見などの態度測定に適しているといえる（島崎、2008）。

評定尺度型には、下記のさまざまなタイプがある。

(a) 両極尺度と単純尺度

両極尺度とは「良い」、「悪い」などのプラス、マイナスの両極をもつ尺度であり、単純尺度とは「よくある」、「時々ある」、「ない」といったプラスまたはマイナスの片側しかない尺度である。態度測定には、両極尺度を用いる。

(b) バランス尺度とアンバランス尺度

バランス尺度とは、中立点の左右に等間隔に等しい数のカテゴリーを与えた尺度であり、アンバランス尺度とは、中立点の左右のカテゴリー数が異なったり、カテゴリーの表現が等間隔でない尺度を指す。調査票は中立的態度で作成しなければならないことは既に述べた通りであるが、この観点からはバランス尺度を用いるのが妥当であるといえる。

(c) 強制選択尺度と非強制選択尺度

例えば、「よい」、「ややよい」、「どちらともいえない」、「やや悪い」、「悪い」といったように、中立点に選択肢を設ける尺度を非強制選択尺度という。この中立点の選択肢を設けず、対象者にプラスまたはマイナスの選択肢を強制的に選択させるのが、強制選択尺度である。

多様な要素が複雑・重層的な構造を織り成す現代社会では、人びとはどのような事柄にも評価を下す情報をすべて持ちあわせているわけではない。調査が事実を把握することを目的とする以上、中立点に判断を保留する選択肢を設ける非強制選択尺度を用いるのが妥当であろう。ましてや、多変量解析で鮮明な結果が得られるからとの理由で強制選択尺度を用いるのは、大いに問題があるといえよう。

(d) 相対尺度と絶対尺度

例えば、PとQの2つの製品・サービスの評価を得るにあたって、下記のように、PとQを対象者に比較評価させるのが相対尺度である。この相対尺度のうち、2つの製品・サービスを1組にして比較する手法を、

一対比較法と呼び、下記の例もこれにあたる。

	よい	やや よい	どちらとも いえない	やや よい	よい	
（QよりPが）	1	2	3	4	5	（PよりQが）

これに対して、下記のように、P、Q別々に対象者に評価させるのが絶対尺度である。

	よい	やや よい	どちらとも いえない	やや 悪い	悪い
（Pについて）	1	2	3	4	5
（Qについて）	1	2	3	4	5

製品・サービスの評価を得るにあたって、相対尺度、絶対尺度のどちらを使うかは、調査の目的による。

(e) ワーディング

評定尺度の各カテゴリーをどのような言葉で表現するかについては、さまざまな方法がある。

・カテゴリーの名称を表示しない。

　　　＋2　　　＋1　　　±0　　　−1　　　−2

・両極のみ名称を表示する。

　　　＋2　　　＋1　　　±0　　　−1　　　−2
　　　よい　　　　　　　　　　　　　　　　悪い

・すべてのカテゴリーの名称を表示する。

　　　＋2　　　＋1　　　±0　　　−1　　　−2
　　　よい　　ややよい　どちらとも　やや悪い　悪い
　　　　　　　　　　　いえない

また、下記のように、両極のカテゴリーを強調する方法と、強調しない方法がある。強調する・しないによって回答の分布が異なることが予測されるので、どちらを使うのかについては、十分な吟味が必要である。対象者をなるべく分けよう、即ち回答を分散させようとするならば、両極のカテゴリーを強調しない方法を採用するべきである。

・両極を強調する。

第Ⅲ章／定量的手法の概説

```
   ＋2      ＋1      ±0         －1     －2
 非常によい  よい   どちらとも    悪い  非常に悪い
                  いえない
```
・両極を強調しない。
```
   ＋2      ＋1      ±0         －1     －2
   よい   ややよい  どちらとも   やや悪い  悪い
                  いえない
```

　(f)　カテゴリー数

　カテゴリー数については、中立点に選択肢を設ける非強制選択尺度の場合で、一般的に5段階を用いることが多い。アーカーらも、5段階が効果的に区分するために必要とされる最小のものであり、7あるいは9という尺度は正確にはなるが、混乱なしに確実に対象者に読ますことができなくなるとしている（アーカー、デイ、1980）。

　③　その他の形式

　その他の回答形式には、推測法と投影法がある。

　推測法は、前掲の通り、対象者本人のことを直接質問しにくい内容の場合に用いるもので、周囲の人の行動や動機を聞くことで対象者の本心を引き出そうとする手法である（本書Ⅲ-3-〔3〕-②「質問内容」を参照）。

　投影法は、本来、対象者自身を他の人やモノなどに投影させて、自身の姿を自由に描かせる心理学の手法である。マーケティング・リサーチでは、例えば対象者に提示した企業を動物に投影させるなどの方法で用いられる。投影法には、文章完成法、略画完成法、語句連想法がある。これらの手法による調査結果は、専門の心理学研究者以外の人びとにとっては解釈が難しいので、利用にあたっては十分な検討を行うべきである。

【5】尺　　度

　前項で、さまざまな回答形式の設計について述べた。これらの回答形

式は、集計・分析の段階では表Ⅲ-4に示す4つの尺度に分類して、それぞれの尺度の特性に従って取り扱うこととなる。

●表Ⅲ-4　尺度の種類

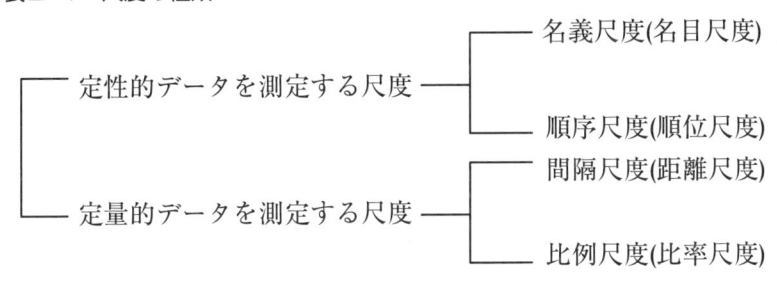

```
            ┌─ 定性的データを測定する尺度 ─┬─ 名義尺度(名目尺度)
            │                              └─ 順序尺度(順位尺度)
            └─ 定量的データを測定する尺度 ─┬─ 間隔尺度(距離尺度)
                                           └─ 比例尺度(比率尺度)
```

各尺度の特性は、次の通りである（島崎、2008）。

① 名義尺度

取り扱う事象を互いに排他的な複数のカテゴリー（選択肢）に分類する。それぞれのカテゴリーに数字の符号を与えるが、それは集計処理のためであり、数字は数量としての意味を持っていない。例えば、「1．男」、「2．女」の両者の間に、順序や距離はない。したがって、統計ではカテゴリーの頻度を算出し、最頻値や連関を求めるが、平均値を求めることはしない（本書Ⅵ「データ分析の方法」を参照）。

② 順序尺度

取り扱う事象を、大小、強弱、優劣などの基準によって並べるが、それは単に比較上の位置を示しているに過ぎない。例えば、与えられた商品群の中から好きな順に商品名をあげたとすると、それは好みの順序を示すが、各商品の間の量的な差を推計することはできない。したがって、統計では頻度や百分位数（パーセンタイル）として取り扱うが、平均値を求めることはしない（本書Ⅵ「データ分析の方法」を参照）。なお、順位を得点に変換して、数量として取り扱うことは一般的に行われている。

③ 間隔尺度

第Ⅲ章／定量的手法の概説

対象とする事象を距離として取り扱うものであり、その距離は尺度のどの部分でも同じ距離である。例えば、5段階の評定尺度法では、「1．非常によい」、「2．よい」、「3．どちらともいえない」、「4．悪い」、「5．非常に悪い」の各カテゴリー間の距離は、1と仮定されている。したがって、統計では、平均、分散（標準偏差、相関係数などを用いることができる（本書Ⅵ「データ分析の方法」を参照）。なお、間隔尺度と次にあげる比例尺度の違いは、間隔尺度には絶対0点（原点）がなく、比例尺度には絶対0点があることである。

④　比例尺度

対象とする事象の属性が他と比べてどのくらいの比なのかという値で取り扱う。その比は同等性があり、絶対0点がある。例えば、年齢は時間距離によって構成され、誕生時が絶対0点である。統計では、平均値、分散（標準偏差）、比率などのさまざまな統計量を適用できる（本書Ⅵ「データ分析の方法」を参照）。

【6】その他の調査票記載事項

① 　調査票の記載事項

調査票には、質問文と選択肢のほかに、対象者に対する挨拶などいくつか記載しなければならない項目がある（島崎、2008）。下記に示す項目のうち、㈦と(リ)を除いては、別紙の挨拶状に記載してもよい。なお、最近では、プライバシー・マークを取得している調査会社が多い。それらの調査機関では、プライバシー・マーク制度の規定に従って、いくつかの点を対象者に知らせることが義務づけられている。

(イ)　調査のタイトル
(ロ)　対象者に対する調査協力の依頼
　　　調査協力は対象者の任意であり、協力しなくても不利益にならないことを明記する。
(ハ)　対象者の抽出方法

㈡　調査結果の利用
　　　個々のデータや個人名を公表しないこと、特に営業行為に利用しないことを明記する。
　㈱　対象者自身が回答した内容（個人情報）の開示を要求する権利と、内容の訂正を要求する権利
　㈻　調査協力に対する謝礼の内容
　㈦　調査主体の名称、住所、電話番号、担当者名（調査主体は本書Ⅱ-3-〔4〕「調査主体」を参照）
　㈷　（留め置き調査、郵送調査の場合）調査票回答上の注意点
　㈼　管理番号
　　　実査管理やデータ修正で調査票を照合するために必要である。

② 回答回路

　質問によって対象者全員に回答を求める場合、特定の属性の対象者にのみ回答を求める場合、前問の回答によって次問の回答を求める、あるいは指定した質問まで飛ばして回答を求める場合などがある。留め置き調査や郵送調査では、この回答回路をわかりやすく表示する必要がある。

【7】プリ・テスト

　プリ・テストは、調査票設計の最終段階で、調査票の不備を発見するために実施する（プリ・テストは本書Ⅲ-3-〔1〕「調査票作成の一般的手順」を参照）。
　プリ・テストの対象者は、本調査の対象者と同じ属性の人を、属性がばらつくように選んで実施する。
　なお、その調査のクライアント企業の社員や調査会社の社員をプリ・テストの対象者にしてはならない。調査内容に詳しい人や調査技術に長けた人を対象者にすると、調査票の不備を見逃す恐れがある。
　また、プリ・テストの実施にあたっては、本調査の手法を用いて、まったく同じ手順で実施しなければならない。対象者の回答時の判断の内

容確認などは、調査が終了してから行う。

4 調査の実施

　調査実施を実査と呼ぶ。実査にあたっては、事前にさまざまな資材を準備しなければならない。資材の内容は、面接調査法、留め置き調査法などの手法によって異なる。また、調査終了後には、調査の品質管理のために、調査員の不正による調査票の混入を防ぐ目的で、インスペクションを実施しなければならない。実査過程の管理は調査手法によって異なり、かつ、細部にわたってさまざまな手法が用いられる。

　資材および実査の詳細については、拙著（島崎、2008）を参照されたい。本節では、実査の概略と問題点について述べるにとどめる。

【1】 調査実施の一般的手順

　実査の手順は、調査手法によって異なる。ここでは、面接調査、留め置き調査の一般的な手順を示す。
① 　調査員に対する説明会
　　　　　↓
② 　初票点検（面接調査の場合）
　　　　　↓
③ 　調査票の回収・点検
　　　　　↓
④ 　インスペクション

① 　調査員に対する説明会
　調査員に対する説明会は、調査員に同一内容の説明を行い、実施方法を同じように理解させるために、調査員を一堂に集めて実施する。
　説明会で調査員に説明する内容は、以下の通りである。
(イ) 　対象者宅の捜し方

(ロ)　対象者に対する調査協力依頼のしかた
(ハ)　調査票の内容と回答方法に対する理解のための必要事項
(ニ)　調査実施時の禁止事項
　・指定された対象者以外を代わりに調査してはならない。
　・対象者から回答を引き出すために誘導してはならない。
　・質問の順番を変更してはならない。
　・留め置き調査を面接調査で行うなど、調査手法を変更してはならない。
　・（面接調査の場合）調査票を対象者に見せてはならない。
(ホ)　実査スケジュールや対象者からの連絡先、調査員の連絡先などの事務的事項

② 初票点検
　初票点検は面接調査で実施するもので、各調査員が最初の1票を完了したところで調査本部に持参させ、調査方法に誤りがないかをチェックする。各調査員が担当する全調査票が、誤った方法で調査されることを防ぐためである。

③ 調査票の回収・点検
　調査によって得られるデータの品質管理のためには、調査完了票の点検と、場合によっては再調査が必要である。
　調査員には、調査完了時、対象者宅で調査票の回答洩れなどをチェックし、必要に応じて再調査を実施させる。
　その後、調査員には、担当した調査完了票を指定日に調査本部に持参してもらい、回収する。この時、その場で完了調査票を点検し、記入洩れなどがあれば再調査を行う。
　また、調査が完了できなかった標本については、標本ごとに調査不能の理由を聴取する。

④　インスペクション

　インスペクションとは、調査員ごとに一定の比率で調査完了票をランダムに抽出し、電話や郵便で不正票がないかをチェックする作業を指す。㈳日本マーケティング・リサーチ協会の抽出比率の基準は、10％である（日本マーケティング・リサーチ協会、1998）。

　不正票には、次の種類がある。
・メイキング
　調査員が調査を実施せず、自分で調査票に記入する。
・スキッピング
　重要な質問のみ調査を行い、残りの質問を調査員が自分で記入する。
・代人記入
　対象者本人でない代わりの人を調査する。

　不正票が1票でも出現した場合、その調査員が担当した調査完了票全票について、インスペクションを実施する。

　不正票すべてについて再調査を行い、再調査ができなかった分は、集計から除外する。

　インスペクションの効果として、データの精度を検討できること、不良調査票を発見して修正し、データの精度をあげることのほかに、調査員を評価し、メイキングなどの防止に役立つことがあげられる（後藤秀夫、1987）。

【2】 調査環境上の問題点

　回収率は、首都圏の大規模な個人調査の場合、1970年代には80％前後であったが、調査環境の悪化に伴って、現在では60〜65％に低下している。回収率低下の要因は、不在と拒否の増加である（島崎、2008）。
　①　不在が増加した理由
　　㈲　核家族化と単身世帯の増加
　　㈹　有職主婦の増加
　　㈶　都市化の進展と勤務時間の多様化

㈡　豊かさの増進と余暇活動の増加
　②　拒否が増加した理由
　　㈤　調査実施頻度の増加に伴う調査対象者経験率の上昇
　　㈹　プライバシー意識の上昇
　　㈻　調査を装う販売・勧誘の増加
　　㈡　個人主義の敷延と社会参加意識の希薄化

　最近の回収率の低下傾向は、2005年に施行された個人情報保護法とかかわりが深い。この法案の前提となった個人情報の侵害が社会問題となり、人びとのプライバシー意識が高まると共に、調査回収率は急速な低下傾向を示している。

　なお、アーカーらは、対象者の拒否を促進する要因として、調査員をリサーチを装ったセールスマンなどと疑うこと、調査はプライバシーの侵害であると疑うことや、調査員、（調査依頼者である）スポンサー、調査課題に対する敵意をあげている（アーカー、デイ、1980）。

【3】回収率と推計

　標本調査は、母集団の一部である標本を調査した結果から、母集団の傾向を推計するものである。ところで、実際の調査では、すべての標本

●図Ⅲ-2　標本調査における母集団と標本の関係と回収率の影響

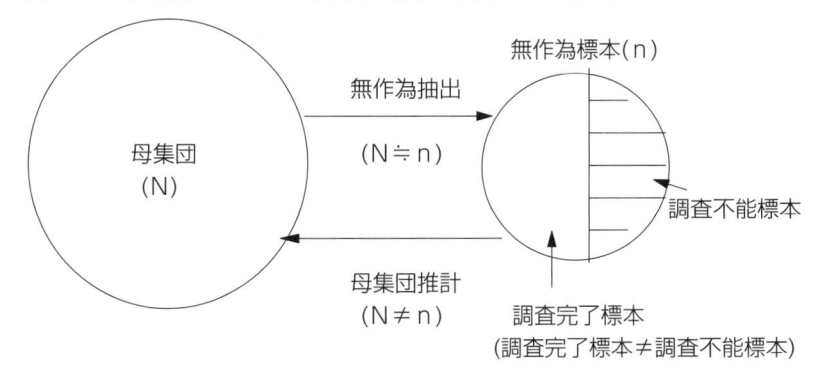

（出典：島崎『社会調査の実際』第六版、2008）

について調査を完了することはほとんどない。一部の標本は、前掲のように不在や拒否などで調査不能となる。

この時、調査完了標本と調査不能標本が均質であるならば、推計上、問題は生じない。両者が異質であるならば、図Ⅲ-2に示す通り、推計された母集団の傾向は歪むこととなる。

調査完了標本と調査不能標本の傾向を比較しようにも、調査不能標本は調査不能故にデータがない。しかし、住民基本台帳から抽出した場合は、抽出時に、全標本について性と年齢は判明している。このような場合について、調査完了標本と調査不能標本の回収率を比較してみると、高年齢層の回収率が若年層の2倍程度に達することが判明している。(鈴木、島崎、1995)。この結果から推計される母集団の傾向が、高年齢層のそれに強く偏向していることはいうまでもない。

そこで、母集団の傾向を高い精度で推計するためには、回収率を高めることと、どのような層でも平準な回収率を確保することが肝要である。

5 集 計

集計には、コンピュータを用いる集計と手集計がある。手集計は集計過程で人為的ミスが起きやすく、正確な集計が望めない。複雑な集計や追加集計を行うと、初期段階でのミスが大きく作用し、各集計表間で相互に矛盾が生じることもある。今日ではパーソナル・コンピュータが発展し、集計用ソフトも比較的安価に入手できるので、できるだけコンピュータ集計を行った方がよい。

【1】 集計作業の一般的手順

集計は、一般的に次のような手順で実施する。
① 集計計画の立案
　　↓
② 調査票のエディティング

↓
③　コーディング
　　　↓
④　データ入力
　　　↓
⑤　データ・クリーニング
　　　↓
⑥　単純集計と統計量算出
　　　↓
⑦　クロス集計と統計量算出

【2】集計計画の立案

　集計計画立案の基本は、調査票設計の前提となった仮説の検証にある。例えば、ある商品についての利用意向は若年層の女性で強いという仮説の基に調査票を設計したのであれば、仮説の採択・棄却を明らかにするために、商品の利用意向に関する質問の回答を性・年齢の層別に集計する（「商品の利用意向」×「性・年齢別」のクロス集計を行う）計画をたてる。

　また、それ以外に、事実探索的に新たな知見を発見するための集計も加えて計画をたてるのが一般的である。

　集計計画は、表Ⅲ-5のような一覧表にとりまとめると分かりやすいし、集計担当者への指示にも便利である。詳細は、拙著（島崎、2008）を参照されたい。

　集計計画は仮説検証を主体に立案するので、仮説に基づいた調査票設計が終了すれば、着手することが可能である。実査終了時までに立案を終えているのが一般的である。

●表Ⅲ-5　集計計画表の例

		アイテムNo.	1	2	3	4	………	50	51	52
		カードNo.	1							
		カラムNo.	1～4	5	6	7～15	………	80	81～82	83～84
		質問No.		Q1	Q2	Q3	………	Q25	Q26	K1
		質問項目	サンプルNo.	海外旅行経験の有無	これまでの海外旅行回数	最近の海外旅行の目的	………	性別	年齢別	性×年齢別
		カテゴリー数		2	5	9	………	2		14
		質問形式		SA	SA	MA	………	SA	実数	SA
アイテムNo.	質問No.									
2	Q1	海外旅行経験の有無								
3	Q2	海外旅行回数				○				
4	Q3	最近の海外旅行の目的								
⋮	⋮									
50	Q25	性別								
51	Q26	年齢別								
52	K1	性×年齢別	○	○	○	………	○	○	
統計量								平均 SD		
備考								7段階に階級化	Q25とQ26で作成	

注）○印が集計箇所

【3】 調査票のエディティング

　エディティングとは、実査終了時の記入洩れや誤記入などの点検とは異なり、データ入力に備えた点検であり、次のような内容について実施する。

　① 管理番号（サンプル No.）の記入洩れ、誤記入の点検・修正
　② 数量型自由回答の桁揃え修正
　③ 不正な位置につけられた○印の修正

④　SA、MAの指定に基づく回答個数のチェック
⑤　回答回路に基づく該当質問、非該当質問の回答有無のチェック
⑥　「その他」の記入内容がすでに選択肢として与えられている場合の選択肢への戻し作業……など

なお、エディティングの時点でも、必要があれば再調査を実施する。

【4】 コーディング

　コーディングとは、①データ入力に際して、入力が容易なように、調査票に記入された回答選択肢の番号をコーディング・シートに転記する作業を指す場合と、②意見や態度に関する自由回答を、要素に分けてカテゴリー化する作業を指す場合とがある。最近のデータ入力は、入力するパンチャーが調査票を見ながら直接入力作業を行う方法が主流となっているので、ここでは①を省略し、②のケースについて述べる。
　意見や態度などに関する自由回答の処理には、そのまま書き抜く方法とカテゴリー化する方法の2つがある。
　そのまま書き抜きを行う場合は、重要な分析軸となる項目、例えばそれが性・年齢であるならば、個々の自由回答の内容と回答者の性・年齢をセットで書き抜く必要がある。
　カテゴリー化する場合は、自由回答の内容を要素別に書き抜く。書き抜いた要素別頻度表を使ってそのまま分析する場合もあるが、データ入力を行い、最初から選択肢が与えられているプリ・コード型と同様に、単純集計やクロス集計を実施する場合が多い。
　データ入力する場合は、まず要素別書き抜きで頻度が多かった項目に番号をふり、カテゴリー化してコード表を作成する。そのコード表に従って、再度自由回答を読みながら、コード番号をふっていく。このコード番号をデータ入力し、集計を行うという手順を踏む。
　カテゴリー化の基本は、次の通りである（島崎、2008）。
①　回答の全体をカバーしていなくてはならない。

②　カテゴリーは互いに排他的でなくてはならない。
③　カテゴリーの内容は明確でなくてはならない。
④　カテゴリーの内容は単一の内容を指し示していなくてはならない。

　上記のような基準で自由回答をカテゴリー化すると、カテゴリー数は多数にのぼるであろう。一般的には、1つの質問でのカテゴリー数は、10〜15が適当であると考えられるが、自由回答のカテゴリー化を行った結果カテゴリー数が多数になったとしても、無理に減らすことはない。一旦入力してから、コンピュータ内でカテゴリーをくくって集約すればよい（原純輔、海野道郎、1984）。

【5】データ入力

　エディティングが終了したら、データ入力を行う。入力形式には、バイナリー形式とキャラクター形式がある。下記の質問の回答を2つの方式で入力すると、表Ⅲ-6のようになる。

Q1　本日、この店の酒類の売場に立ち寄りましたか。(SA)
　　①　立ち寄った　　　　2　立ち寄らなかった
　　　　↓　　　　　　　　　　　└→Q○へ

Q2　〔酒類売場に立ち寄った人へ〕酒類売場で何か購入されましたか。購入したものは次のどの種類ですか。(MA)
　　1　ビール　　　　　　　⑥　焼酎
　　②　ウィスキー　　　　　7　カクテル
　　3　日本酒　　　　　　　8　その他（具体的に　　　　）
　　4　ワイン　　　　　　　9　何も買わなかった
　　⑤　ジン・ウォッカ等のスピリッツ類

Q3　あなたは1週間にどの程度酒類を飲みますか。(SA)
　　1　毎日飲む
　　②　週に5〜6日は飲む
　　3　週に3〜4日は飲む
　　4　週に1〜2日は飲む

5　ほとんど飲まない
　　　6　まったく飲まない

●表Ⅲ-6　データ入力形式

①バイナリー形式

カラムNo.	1	2	3	4	5	6	7	8	9	10	11
質問・カテゴリ-No.	Q1	Q2-1	Q2-2	Q2-3	Q2-4	Q2-5	Q2-6	Q2-7	Q2-8	Q2-9	Q3
データ	1	0	1	0	0	1	1	0	0	0	2

②キャラクター形式

カラムNo.	1	2	3	4	5	6	7	8	9	10	11
質問・カテゴリ-No.	Q1	Q2									Q3
データ	1	2	5	6							2

　なお、集計ソフトによって取り扱えるデータの形式が異なるので、事前に確認の上、どちらかの入力形式を採用する必要がある。

【6】データ・クリーニング

　データ入力が済んでも、エディティングの段階で見逃したエラーや、データ入力段階で発生した入力ミスが含まれている可能性があるので、入力されたデータを点検する必要がある。この点検はコンピュータで行うのが一般的であるが、データ・チェックのソフトがない場合は、人間の目による点検・読み合わせを行うこととなる。このデータの点検・修正をデータ・クリーニングという。
　データ・クリーニングを行う場合は、一般的に次のようなチェックを行う。

　① 同一管理番号が、2つ以上のデータに入力されていないか。
　② 存在しないカテゴリー番号が入力されていないか。
　③ 各質問の回答が、指定されたカラムに入力されているか。例えば、入力ミスで指定カラムとずれていないか。
　④ 質問の回答回路通りにデータが入力されているか。例えば、非該当質問のカラムにデータが入力されていないか。

⑤ 数量型自由回答で、異常値が入力されていないか。例えば、回答記入時やデータ入力時に桁ずれを起こしていないか。

上記のチェックでエラーが発見された場合は、必ず該当の調査票原票と照合して、データを修正する。

以降、この修正されたデータを用いて、すべての集計・解析を行う。一部の集計・解析に修正前のデータを使用すると、他の集計・分析の結果と不整合が生じることとなる。

【7】 単純集計と統計量の算出

単純集計とは各質問ごとに度数分布表と、総度数に対する各カテゴリーの度数の比である相対度数表を出力することをいう（島崎、2008）。また、各質問の特性と必要性に応じて、平均や分散、標準偏差などの統計量も出力する（統計量は本書Ⅵ「データ分析の方法」を参照）。

この単純集計の度数分布や相対度数を検討して、プリ・コード形式やカテゴリー化した自由回答のカテゴリーのくくりを行ったり、数量型自由回答形式のデータをカテゴリー化したりする。また、多変量解析に採用するカテゴリーの検討も、この単純集計の結果を用いて行う。

これらの処理を行った上で、クロス集計や多変量解析を実施することとなる。

【8】 クロス集計と統計量の算出

クロス集計とは、2つの質問（変量）間の関係を分析することを目的として行う集計である。例えば、性、年齢、職業、年収などの対象者属性の層別に、他の質問の回答を集計するのがクロス集計である（島崎、2008）。もちろん、対象者属性以外の質問間でクロス集計を行う場合もある。この時、単純集計と同様に、必要に応じて層別に平均や標準偏差などの統計量を算出して、分布とともに層別の比較に用いる。

クロス集計は2変量で行うとは限らず、3変量間の3元集計、4変量

間の4元集計を実施することもある。

　なお、両者とも複数回答（MA）の2つの質問間でクロス集計を行っても、意味がない。例えば、使用している口紅のブランドの質問（回答はMA）と、使用口紅についての評価の質問（回答はMA）の間でクロス集計を行ったところ、ある対象者が次のように回答したとする。

　　Q1　口紅の使用ブランド　　　A、B
　　Q2　使用口紅の評価　　　　　Y、Z

　クロス集計を行うと、評価YとZはブランドA、Bの双方にカウントされるため、YとZの評価がA、Bどちらの評価なのか判然としなくなる。

　なお、クロス集計における構成比は、層別比較を行うために、各層ごとに算出するのが一般的である。例えば、ある商品の評価の回答を性別で比較するのであれば、評価の回答を男女に分け、男女それぞれの層の計を100％として、評価の各カテゴリーの構成比を算出して比較するのである。

【9】欠損値の処理

　調査では、応々にしてすべての質問に回答を得られないことがある。さらに、実査段階での再調査、エディティング段階の再調査を実施しても、一部の質問で欠損値が生じることが多い。もちろん、あまりにも欠損値の多いデータは、その調査票のデータ全体を集計から除外するが、一部に欠損値があるデータは、集計に含めるのが一般的である。この場合、欠損値をどのように処理して集計するか、解析するかが問題となる。

　欠損値の処理には、下記のようないくつかの方法がある（島崎、2008）。

　①　欠損値を不明として処理する方法
　回答「不明」のカテゴリーを作成して、欠損値をこのカテゴリーにカウントする。本来、対象者側にそれなりの理由があるか、調査票の設計に妥当性を欠くために、回答不能や拒否による「不明」が生じるのであ

るから、そのまま「不明」にするべきであろう。このような考え方にたてば、「不明」処理がもっとも妥当な方法といえる。
　しかし、この方法を採用して多変量解析を行うとすると、当該箇所の一部に「不明」を含むデータは、解析から除外せざるを得ない。除外データが多数にのぼると、分析上、データ数不足という問題が生じる。そこで、下記のような処理を行う場合もある。

　②　平均値を代入する方法
　平均値を代入することは一見合理的にみえるが、妥当であるという確証はないし、結果として分散を過小化することとなる。
　多変量解析で5段階の評定尺度法のデータを用いる場合、「不明」に中立点の「3．どちらともいえない」を代入することが多い。

　③　もっとも低いデータを代入する方法
　対象者が回答することを嫌うのは、回答内容が低いレベルであるからという論拠にたつ方法である。例えば、学歴の質問で回答がない場合、「中学卒」にカウントする。しかし、これも確証があるわけではない。
　マーケティング・リサーチでは、リスク回避のために、例えば、ある商品の購入意向の質問で無回答の場合、「購入したくない」にカウントするなど、この方法を用いることがある。

　④　類似対象者代替法
　欠損値以外のデータから類似回答の対象者のデータを探し、欠損値部分に類似データと同じ回答を代入する方法である。この方法もまた、確証があるわけではないし、結果の偏向を招くという欠点がある。

　上記以外に、ホット・デック（Hot　Deck）法、回帰推定法、EMアルゴリズムによる代入法、多重代入法などがあるが、いずれも最適とはいいがたいのが現実である（島崎、2008）。

第Ⅳ章 インターネット・リサーチの特徴と活用

1 インターネットの普及とインターネット・リサーチの特徴

　総務省で実施の「平成19年通信利用動向調査」によると、過去1年間にインターネットを利用したことのある者は、推計で8,811万人（6歳以上、利用目的は問わない）に達し、人口普及率は69.0％となっている。

　また、インターネット接続機器については、パソコン（88.7％）、携

●図Ⅳ-1　インタネット利用者数および人口普及率の推移（個人）

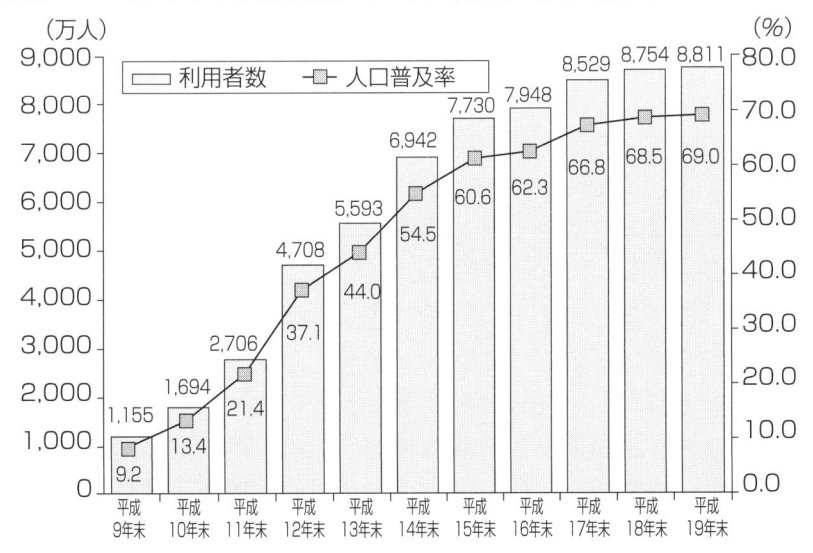

年度	利用者数（万人）	人口普及率（％）
平成9年末	1,155	9.2
平成10年末	1,694	13.4
平成11年末	2,706	21.4
平成12年末	4,708	37.1
平成13年末	5,593	44.0
平成14年末	6,942	54.5
平成15年末	7,730	60.6
平成16年末	7,948	62.3
平成17年末	8,529	66.8
平成18年末	8,754	68.5
平成19年末	8,811	69.0

帯電話・PHS＋携帯情報端末（82.7%）、ゲーム機＋TV（4.1%）となっており、まさに、高度情報社会と呼ばれるにふさわしい通信環境となっている。

　このような環境下でマーケティング活動における情報収集機能としてのインターネット・リサーチが普及、発展してきた。すでに、「試しに使ってみる」という学習の段階は終わり、利用する企業側ではこれまでの調査手法との使い分けの段階に入っている。

　そこで実施される調査テーマも、他の調査手法で実施していたテーマの多くが、インターネット・リサーチで実現可能となっており、多岐にわたっている。主なものは次のとおりである。

　①　製品・サービスの使用（利用）実態
　②　製品・サービスの評価
　③　（新）商品アイディアの収集
　④　ユーザーの意識・態度・ニーズの把握
　⑤　ブランド認知と評価
　⑥　広告・宣伝・メッセージ内容の評価
　⑦　価格設定・価格評価
　⑧　広告効果の測定
　⑨　販売促進効果の測定
　⑩　顧客満足度の測定
　⑪　自社ホームページの評価
　⑫　その他、競合他社（他社ユーザー）の動向把握…など

　インターネット・リサーチは、単発の調査に終わるだけでなく、継続パネラーを組織して時系列に追跡したり、従来の調査手法との組合せで実施するなど多様な利用の仕方がなされている。

　㈳日本マーケティング・リサーチ協会が正会員社の経営者を対象に実施した調査では、アドホック調査に占めるインターネット・リサーチの割合は2000年ではわずか3％であったものが、2006年では29％（金額ベース）と、最も多用される調査手法となっている（調査件数換算にすると50％前後になると推察される）。

●図Ⅳ-2　アドホック調査の手法別売上構成（金額）

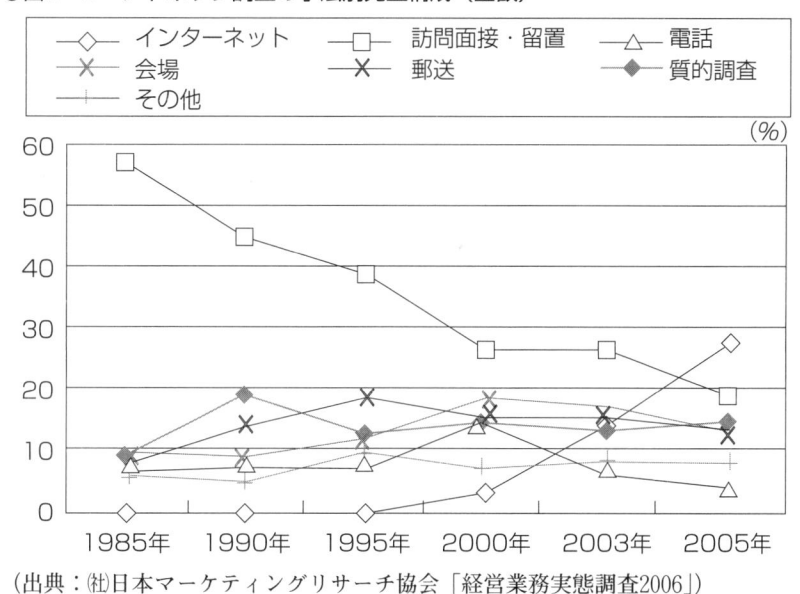

凡例：
- ◇ インターネット
- □ 訪問面接・留置
- △ 電話
- ✕ 会場
- ✕ 郵送
- ◆ 質的調査
- ＋ その他

（出典：㈳日本マーケティングリサーチ協会「経営業務実態調査2006」）

　インターネット・リサーチは、インタビューア（調査員）が不要、実査管理者が不要、会場、施設なども不要ということで、実査投資が少なくて済むという利点があり、多くの事業者が参入している。これらの特徴の結果、従来の調査手法と較べて、実査期間が短い、大量サンプルを低コストで得られるという特性がある。また、調査票からのデータ入力作業がない、回答画面である程度の論理チェックがかけられデータのチェックやクリーニング作業が軽減される、タイムリーに集計ができるなど実査終了後のプロセスも短縮できる。実査、集計期間の短さによって、迅速に調査結果が得られるため、マーケティング活動全般にスピードが求められる今日では、その利点が活かされている。
　また、対象者を抽出するスクリーニングにコストや期間がかからないため出現率の低い対象者条件の調査、例えば特定商品購入者調査などが実施しやすい特性をもっている。㈳日本マーケティング協会が正会員社企業のリサーチ関係者を対象に実施したアンケートで、インターネット・リサーチを利用する理由を図Ⅳ-3に示す。

● 図Ⅳ-3　インタネット・リサーチを利用する理由

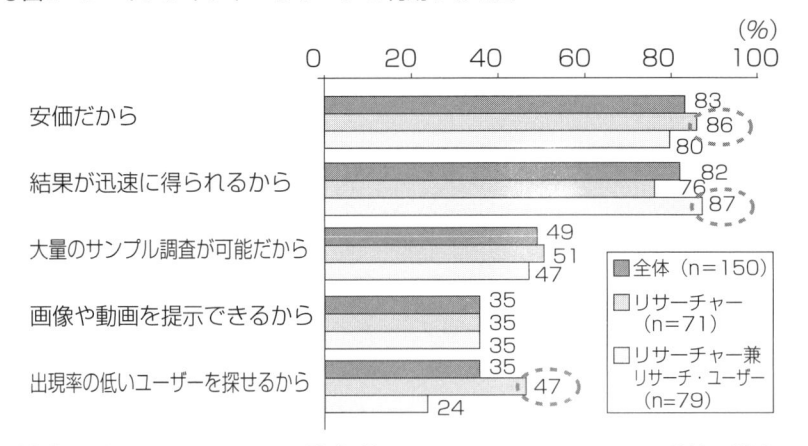

理由	全体 (n=150)	リサーチャー (n=71)	リサーチャー兼リサーチ・ユーザー (n=79)
安価だから	83	86	80
結果が迅速に得られるから	82	76	87
大量のサンプル調査が可能だから	49	51	47
画像や動画を提示できるから	35	35	35
出現率の低いユーザーを探せるから	35	47	24

（出典：㈳日本マーケティング協会「マーケティング・リサーチの現状に関するアンケート2006」）

一方、次のような問題も抱えている。

① 母集団の特定化が難しい。したがって、対象者のサンプリング方法の確立ができず、統計理論との接合性（精度、信頼度）の議論ができない。

② 回答者の同定化が難しい。「人」を直接抽出しているのではないため、対象者の顔がみえず、回答者本人かどうかの同定化が難しい。すなわち、代理回答、なりすまし回答の入り込む余地が存在する。

これらの問題を解決するために、大量のマスターサンプル（パネル）を保有し、そこから国勢調査結果に合せたサンプリングを実施したり、パネラー登録時に規約を設け、パスワードを保有した対象しか調査に参加できないなどの工夫や改善がなされている。

また、これ以外にも、偏りのない対象者の回収を得るための調査期間をどう設定するか、どのタイミングで実施するか、協力謝礼のあり方をどう考えるか、不正回答や重複回答をいかに排除するか、回答者集団の属性の偏りや補正をどう行うか、提示物の著作権や肖像権についてどう考えるかなど、実査・集計・分析での技術的解決や研究が進められている。

2 インターネット・リサーチの種類

インターネット・リサーチは日々進化しており、現時点で分類や定義をすることは難しいが、大きくは定量調査的な活用と定性調査的な活用に大別される。

【1】 定量調査的な活用：クローズド方式

専門機関の保有する調査協力パネル（モニターとも呼ぶ）を対象に、メールでアンケートの実施を告知し、アンケート画面で回答を得る。デモグラフィック特性だけでなく、住居形態や耐久財の保有実態などのパネルの基本属性情報によって対象者の抽出（スクリーニング）が容易になり、またそれらの情報を活用することでより深い分析が可能となる。

出現率の低いレアなサンプルを抽出する場合や、調査地域が都市部以外の調査を行う場合には、パネルは大規模な方が理想的である。さらに、一般的にインターネット・リサーチのパネルは、複数社のパネルに登録するなど調査慣れをしている人が多いケースや、特定のキャンペーンや懸賞の応募者やホームページ来訪者に偏っている危険性があるため、パネルの募集や管理方法に注意を払ってパネルを活用することが望ましい。

従来、インターネット・リサーチはサンプルの「代表性」について、諸問題が指摘されてきたが、インターネットの普及によってインターネット・リサーチのパネラーと一般生活者に乖離は少なくなってきていると考えられる。しかし、中学、高校生や高齢者あるいは職業によってはパソコンでのインターネットの利用率自体が低いため、一般生活者を代表しているとはいい難い属性もあり、注意が必要である。

【2】 定量調査的な活用：オープン方式

自社商品の購入者や、自社ホームページの来訪者、懸賞やキャンペー

ン応募者を調査対象とする場合に採用されるのがオープン方式調査である。自社のホームページから直接、あるいは商品にURLを記載するなどして、アンケート回答ページに誘導する。

　クローズド方式では調査主体が主導権を持つことが可能だが、オープン方式では調査主体は受動的となるため実査コントロールが困難であり、複雑な設計のリサーチよりも、全体の傾向を把握する調査テーマで有効である。また、オープン方式は調査内容や提示素材などの機密保持の視点で課題が多い。さらに、謝礼や粗品を送付するために氏名や住所、メールアドレスなどを取得する場合は、調査協力者から個人情報提供の同意をとるなど、情報管理のセキュリティを万全にするなどの配慮が必要である。

【3】 定性調査的な活用：掲示板・ブログ方式

　特定の商品やブランド、生活領域（例えばメイクアップ）に関する掲示板やブログを開設し、そこで自由に記入された、あるいは主催者・開設者のコントロールによって記入された意見や感想などの自由記述を、キーワード検索やデータ・マイニングなどによって分析していく手法である。主に、新商品・サービスのアイディア探索や、既存商品・サービスの改善点抽出などの調査テーマで活用される。この場合事前にどのような分析をするのか、すべてのデータを用いるのか、一部の特定な記入・ワードに注目するのかなど決めておく必要がある。

　掲示板を利用した座談会も行われている。司会役の進行のもと、参加者がチャット形式でリアルタイムに発言を書きこんでいく方式をとる。参加者やインタビュー見学者が同一会場に集まらなくてよいという利点がある。しかし、ある程度のスピードで入力してチャットに参加できることが条件となるために参加者が限定されることと、対象者の表情やしぐさが重要な情報であるコンセプトや商品評価調査など、この手法に向かないテーマもある。

【4】 定性調査的な活用：座談会方式

　通信回線速度やパソコン自体の性能向上によって、グループ・インタビューもしくは個別の詳細面接調査をテレビ電話のような形で、オンライン上で行なう座談会も実施可能となっている。同一会場に集まらなくてよいという地理的メリットに加え、掲示板方式では得られない、対象者の表情やしぐさ、発言までの間などの定性調査ならではの重要な情報を得ることができる。

　しかし、対象者とモデレーター（moderater）、対象者同士がフェース・トゥ・フェースでないため、従来の座談会よりもグループ・ダイナミックスが得られにくい傾向があり、モデレーターのラポール（rapport）作りに工夫が必要である。

3 インターネット・リサーチの今後

　インターネット・リサーチが利用されるようになった当初は、主に販売直後の新商品初期購入者の追跡調査や、アイディア探索を目的とした調査テーマで活用されていたが、現在では普及が進んだこともあって、活用されるテーマは前述したように拡大している。さらに、従来の定量調査手法の代替としてだけでなく、「今までの手法ではできなかったテーマ」、「実験的なプロジェクト」を実施する企業も増えてきている（図Ⅳ-4参照）。

　すでに、IT技術を駆使したインターネット・リサーチならではといえる調査も誕生し、進化をとげている。例えば、数多くの属性や水準がある場合の「コンジョイント分析」（本書Ⅵ-6-〔5〕-③「コンジョイント分析」を参照）や、価格設定や需要予測などを目的に仮想空間に店頭を再現した購買行動調査などである。

　また、回答端末も自宅やオフィスなどのパソコンだけでなく、携帯電話にも広がってきている。携帯電話を使って屋外で情報収集ができるこ

● 図Ⅳ-4　インターネット・リサーチのプロジェクト内容

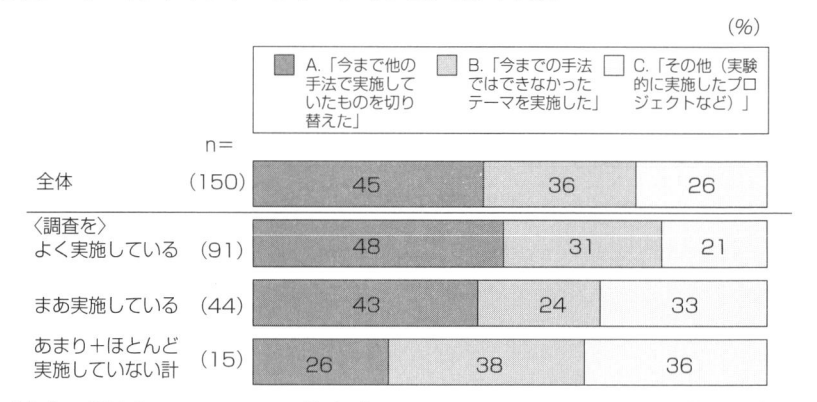

(%)

凡例：
- A.「今まで他の手法で実施していたものを切り替えた」
- B.「今までの手法ではできなかったテーマを実施した」
- C.「その他(実験的に実施したプロジェクトなど)」

	n=	A	B	C
全体	(150)	45	36	26
〈調査を〉よく実施している	(91)	48	31	21
まあ実施している	(44)	43	24	33
あまり+ほとんど実施していない計	(15)	26	38	36

(出典：㈳日本マーケティング協会「マーケティング・リサーチの現状に関するアンケート2006」)

とで、飲料の自動販売機での購買実態をタイムリーに把握する調査などに活用されている。

　このように、インターネット自体の普及と、圧倒的なコスト、スピード対応力をもって調査手法の中心的存在となったインターネット・リサーチであるが、よりインターネット・リサーチならではといえる手法が、今後さらに開発されていくものと考えられる。

　以上、インターネット・リサーチの特徴や課題について述べてきた。しかし、インターネット・リサーチにとって、今後最大の問題は前述したように母集団の特定化、すなわち、パネル構成にあると考えられる。調査の品質マネジメント・システムの国際標準であるISO20252（「市場・世論・社会調査–用語およびサービス要求事項」）の導入に続いて検討されている、パネル調査の国際標準（仮番号ISO26362）がある。ISO20252はすでにイギリスなどで導入され、日本でも㈳日本マーケティング・リサーチ協会が、認証協議会を発足させ導入準備を進めている。また、ISO26362もヨーロッパでは2008年内に適用が始まり、日本でも導入が始まるだろう（本書Ⅱ-4「マーケティング・リサーチのマネジメントと国際標準化」を参照）。

　パネル調査の多くは、アクセスパネルを大量に保有するインターネッ

ト・リサーチであり、ISO の目標はインターネット・リサーチの規制と品質の向上を目指している。多くの項目はISO20252を準用しているが、中で、"パネルの構成"についての公開を義務づけようとしている。このような環境下になると、インターネット・リサーチ会社は、アクセスパネルの募集や管理の手順などについて公開できるように、また、統計学で保障された標本抽出が可能なパネルの再構築が進められることになるだろう。

　今後、ISO26362がいつ、どのような内容で日本のマーケティング・リサーチ業界に、導入されるかに注目していきたい。

第Ⅴ章 実験調査法と評価技法の概説

　新製品開発のマーケティングは、新製品アイディアの生成、コンセプト開発と評価、製品開発（R&D）と評価、マーケティング展開と評価、と大きく4つのステージに分けることができる。マーケティング・リサーチもそれぞれのステージで必要とされる課題解決のために実施されている。その課題により用いられる手法は定量的方法、あるいは定性的方法であったり、実験調査法、評価技法であったりする。新製品マーケティングでは、アイディアの生成に始まりマーケティング展開に至るすべての過程において不確実性が高い。そこで、不確実性を減少させるためにマーケティング・リサーチの果たす役割が大きいとされる。とくに、開発、評価、フィードバックというルーティンでは、評価局面においてリサーチが重要な役割を果たす。本章では、製品開発や、マーケティング展開での評価で多用される実験調査法と評価技法についてその概略を解説する。

　マーケティング・リサーチで実施されることの多い実験調査法と評価技法が適用される代表的なものは、競合品との相対商品力調査、消費者の嗜好調査、コンセプトテスト、プロトタイプテスト、コンセプト／プロダクトテスト、価格テスト、パッケージなどのデザインクリニック、シェルフ・インパクトテスト、ネーミングテスト、広告コピーテスト、テレビCFテストなどである。さらには、テスト・マーケティングが実施されることもある。

　実験調査法と評価技法の解説を行う前に、用語の整理をしておく。マー

ケティング・リサーチでは、評価（良い、悪い）を得ることを目的に実施することがある。例えば、清涼飲料水の開発であれば、試作品（プロトタイプ）の味や香りの良し悪しを判定するといった場合である。一方、良し悪しといった評価ではなく、効果を知りたいということもある。例えば、清涼飲料水メーカーが、新製品の発売に際しキャンペーンの実施を考えており、そのキャンペーンを実施したときの効果を知りたい、あるいは広告宣伝を実施した際の効果（認知効果や態度変容効果など）を知りたいといった場合である。広告コピーやテレビCFの制作過程でのクリエイティブチェックをしたいといった場合は、評価の判定ということになる。

前者の評価のための技法は、官能検査法として長い歴史がある。新製品マーケティングにおいても、官能検査法は重要な役割を担っており、評価技法として広く適用されている。一方、後者の効果測定のための技法は、実験調査法として広く利用されている。事例編、第Ⅴ章、第Ⅵ章が評価技法の事例である。

1 実験調査法

実験調査法は、大きく2つに大別できる。ひとつは、因果関係を仮定し、主要な原因となる変数を統制することで原因変数が結果変数に与える影響から因果関係を同定することが可能となるようにデータを収集する方法である。もうひとつは、マス・コミュニケーション研究でしばしば行われる、測定と刺激提示を組み合わせ、そのデータの比較から因果関係を同定する方法である。マーケティング・リサーチでは、キャンペーン効果の推定や広告宣伝効果を推定したいということが多く、測定と刺激提示の組み合わせからデータを収集し、効果を推定する調査デザインが多いといえる。

測定と刺激提示を組み合わせ、そのデータの比較をする実験調査法については、3タイプの実験に整理されている（鈴木裕久、島崎哲彦、2006）。以下それを参考に整理しておく。

● 表Ⅴ-1　実験調査法の分類

	グループ	事前調査	刺激提示	事後調査
事後調査実験	G1		○	○
	G2			○
事前・事後調査実験	G1	○	○	○
	G2	○		○
事後調査 事前・事後調査 実験	G1		○	○
	G2			○
	G3	○	○	○
	G4	○		○

　事後調査実験のG1は実験群あるいは処理群、英語のままトリートメント群（グループ）と呼ばれ、実験目的である刺激を提示する群である。G2は対照群あるいは統制群、英語のままコントロール群（グループ）などと呼ばれ、交絡要因（本書Ⅴ-2「評価技法」を参照）の影響を評価するための群であり、この群には何も実験操作を加えない。コントロール群を設定する目的は、実験（調査）期間中にヒストリー（実験期間中に、実験結果に影響を与えるような、実験とは直接関係なく起きる事象や事件）に相当する事件が起こったとする。この場合、両群ともに同時にその事件の影響を受けることになるため、両グループともほぼ等しく変化する。このことから、実験群とコントロール群の結果の差は、刺激提示によってもたらされたものと考えることができる。コントロール群が設定されていないと、後述する1グループ事前・事後調査実験の場合でいうと、事前調査と事後調査の結果の差が刺激によってもたらされたものなのか、ヒストリーなど実験要因以外によりもたらされたものなのかを判断することができない。実験群とコントロール群2群のパネル設定という点から極めて重要なポイントは、実験群とコントロール群はそれぞれ均質でなくてはならないという点である。

　実験調査法では、群の均質性を高めるため以下のような方法をとる。まず、評価に影響を与えるであろうと思われる変数（こうした変数を剰余変数という）をコントロールしておく必要がある（森敏昭、吉田寿夫、1990）。コントロール方法には、(イ)一定化（広告接触と商品購入意向に

関し、個人属性のうち性別が結果に影響するということで、女性だけを対象とする。あるいは性と年齢を均一にするといったような場合)、(ロ)バランス化(表Ⅴ-1の、グループごとに男女同数の対象者を割り当てるといったような場合)、(ハ)ランダム化(表Ⅴ-1の、グループごとに対象者をランダムに割り当てるといったような場合)の3種類の方法がある。

　実験調査の場合、同一のパネルがすべてのグループに参加することができない。そこで、剰余変数によってパネルをブロック化(ブロック化とは、パネルを剰余変数の値が等しいいくつかのブロックにわけることをいう)し、各グループにブロック内のパネルを無作為に割り当てるのが一般的である。実験調査法での効果の推定を、以下に示す(林英夫、上笹恒、種子田實、加藤五郎、1993;マルホトラ、2007)。

　事後調査実験での効果の推定は、以下のように行う。

　　効果=(G1:事後調査結果)-(G2:事後調査結果)　　……5.1

　事後調査実験は、他の調査実験方法と比較して、調査が1回しか行われないため時間がかからない、調査コストがかからないといったメリットがある。事後調査実験では、パネルを無作為に割り当てることで実験群とコントロール群の均質性をコントロールしていると考えている。つまり無作為に割り当てているから、G1とG2は同質であると仮定している。しかし、これは仮定しているに過ぎず、本当に同質であるかはわからないともいえる。

　そこで、事前の実験変数に対する測定を行う方法が、事前・事後調査実験である。実験対象となる変数(例えば認知、商品への態度など)について、パネルは剰余変数により統制されており、実験群とコントロール群の実験対象となる変数の値を確認することができる。事前・事後調査実験の効果の推定は以下のように行う。

　　効果=(G1:事後調査結果-事前調査結果)　　……5.2
　　効果=(G1:事後調査結果-事前調査結果)-
　　　　　(G2:事後調査結果-事前調査結果)　　……5.3

　事前・事後実験調査では、それぞれのグループでの効果を事前調査と

事後調査の結果の差とすることで、事前の実験変数に対する値を考慮している。しかし、事前・事後調査実験では、G2に関して事前調査を行うことがパネルに影響を与え、事後調査の結果にも影響を与えることがある。こうした効果を交互作用テスト効果という。つまり、事前・事後調査実験での効果は、例えばキャンペーン効果の推定であれば、キャンペーン効果（こうした、本来推定したい効果を主効果という）と交互作用テスト効果を含んだ効果ということになる。

事後調査・事前・事後調査実験（この実験方法はソロモンの4群デザインとも呼ばれている）は、事後のみ調査実験と事前・事後調査実験を組み合わせた方法であり、交互作用テスト効果を統制することができる。

事後調査・事前・事後調査実験の効果の推定は以下のように行う。

　　効果＝（G1：事後調査結果）－（G2：事後調査結果）　　……5.4
　　効果＝（G1：事後調査結果）－（G4：事前調査結果）　　……5.5
　　効果＝（G3：事後調査結果）－（G3：事前調査結果）　　……5.6
　　効果＝（G4：事後調査結果）－（G4：事前調査結果）　　……5.7
　　効果＝（G3：事後調査結果－事前調査結果）－
　　　　　　　　（G4：事後調査結果－事前調査結果）　……5.8

ただし、この調査実験方法には時間、調査コストがかかるというデメリットがある。

これらの方法以外に、1グループ事前・事後調査実験という方法がある。これはコントロール群を設定せず1つのグループに対し、事前調査→刺激提示→事後調査を実施し事前調査と事後調査の実験変数の値の差から効果を推定する方法である。しかし、この方法では事後調査の結果と事前調査の結果の差は、主効果によるものなのか交互作用テスト効果によるものなのか、あるいはヒストリーによるものなのかはわからず、問題のある方法である。

実験調査法では、得られた結果の妥当性を次の2点から行う。

内的妥当性：例えば、商品の認知率の変化（従属変数）が広告の出稿（独立変数）に帰すことができる度合い（独立変数の操作が、従属変数の効果を生じさせたか）。均質な実験群とコントロール群を設定するこ

とは、内的妥当性をコントロールしていることになる。

　外的妥当性：実験結果が一般化できるかどうか。

　また、表Ⅴ-1では、提示される刺激は1種類であるが、刺激が2種類であれば事前・事後調査実験では3群を表Ⅴ-2のように設定する。（刺激AとB）

●表Ⅴ-2　刺激が2種類の場合

	事前調査	刺激提示	事後調査
G1	○	A	○
G2	○	B	○
G3	○		○

2 評価技法

　プロトタイプができ上がると、そのプロトタイプがあらかじめ設定した目標品質をクリアしているかをチェックする、あるいはデザインやCFの出来映えをチェックする必要がある。このようなチェックを、マーケティング・リサーチでは製品テストとして実施することが多い。こうしたチェックは、人間の感覚を基に評価を求めることになる。例えば、デザインであれば視覚、音質であれば聴覚、飲料・食品の味であれば味覚、匂いであれば嗅覚、衣料品の肌触りであれば触覚、座席の座り心地や部屋の居心地であれば総合感覚といったように、人間の感覚器官を使って評価をしてもらうことになる。

　テストを実施する際、優劣を判断する比較対象が明確な場合、例えば既存品の改良であれば、既存品が比較の相手となる。こうした比較対象をコントロール品（対照品）という。この場合、コントロール品と改良品の2つのテスト品を使用して評価をしてもらうことになる。評価はそれぞれの絶対的な好みなどの評価（絶対評価）と、2品の相対的な好みなどの評価（相対評価）を測定することになる。一方、比較対象がなく

テスト品が1つということもある。この場合は絶対評価の測定ということになり、そのテスト品の評価だけを検討する。あるいは、過去のテスト結果の蓄積から自社で評価の判断基準となる基準値があるならば、その値と比較するということになる。

評価技法は、人間により評価してもらう、複数のテスト品を評価してもらうなど、テストの実施、分析に当たって注意を要するさまざまな項目がある。こうした技術やノウハウは官能検査法として長い歴史がある。そこで、評価技法の基礎となっている官能検査法について若干その内容に触れ、その上でマーケティング・リサーチの評価技法について解説する。

【1】 用語としての官能評価

製品やサービスは、さまざまな品質をもっている。使いやすさ、見栄え、快適性、操作性、味覚など、消費者が五感で感じる品質もそのひとつである。こうした品質を感性（官能）品質という。感性（官能）品質への評価は、例えば味噌汁の味であれば、全く同じ味であっても日によって評価は異なるであろう。人によっても異なるであろう。また、評価の際にも、「まあ美味しい」、「美味しいような気がする」といったあいまいな評価をすることがある。このように判断が異なったり、あいまいだったりといった、人間の主観的な判断に基づく品質の判定や評価は「官能検査」という分野で研究が蓄積されてきた。「官能検査」という用語は、JIS（日本工業規格）では「官能検査とは、人間の感覚を用いて品質特性を評価し、判定基準に照合して判定を下す検査をいう」（JIS Z 9080：官能検査規則および同解説）と規定している。

JISでは、「官能検査」の対応英語として「sensory test」をあてている。しかし、アメリカ材料試験協会（ASTM）の規格では「sensory evaluation」を用いている。また、国際標準化機構（ISO）の規格では「sensory analysis」を用いている。ASTMやISOの規格からもわかるとおり、「官能評価」という用語の方が広義であるとともに、国際的用語であるとい

える。本書では一般性を考慮し「官能評価」という用語で統一しておく。

【2】 分析型官能評価と嗜好型官能評価

　官能評価は目的によって、分析型官能評価と嗜好型官能評価に分けられる（日科技連官能検査委員会、1973）。分析型は、「検査」を主目的とする官能評価であり、テスト品特性の記述も含まれる。一方、嗜好型官能評価は、消費者の嗜好を調査・研究する目的で行われる官能評価である。マーケティング・リサーチでは、「検査」をすることはほとんどなく、テスト品の特性を記述するために行われることが多い。そこで、マーケティング・リサーチで利用される官能評価を、その目的から以下のように分類しておく。
　　・分析型：テスト品間の差の検出、特性の記述・評価
　　・嗜好型：消費者の嗜好研究
　分析型は、テスト品間の差が認識できるか、製品・テスト品の特性や性能を記述するあるいは評価するといった目的により実施される。このため、パネルの嗜好は問題とされない（パネルはテスト品特性の記述のための道具として用いられる）。
　一方嗜好型は、パネルの特性、つまり消費者の嗜好を知るのが目的であり、テスト品の性質は問題とされない（テスト品はパネル特性の記述のための道具として用いられる）。
　マーケティング・リサーチで重要なことは、製品・テスト品特性を記述・評価するのか、消費者の嗜好を記述するのかを明確にしておく点である。ただ、マーケティング・リサーチでは、一度のテストを両方の目的で実施することもある。

【3】 官能評価とは

　官能評価は人間の感覚器官を使い、モノを評価・判定しようとするものである。人間の主観的判断に基づくのでその評価や判定はあいまいで

ある。人間のあいまいさには以下のようなものがある（日科技連官能検査委員会、1973；佐藤信、1978）。

① ウソをつく

ウソは、評価するものに対し利害関係がある場合にみられることが多い。

② 矛盾した判断

人間は矛盾した判断をすることがある。判断の矛盾における顕著な例として一巡三角形がある。例えばO，P，Qと3つのテスト品があるとする。一対比較法で好きな方を答えてもらう場合、

　　O対Pで、Pが好き
　　P対Qで、Qが好き

といった判断がなされれば、O対Qは判断を聞くまでもなくQが好きということは自明である。しかし、往々にしてO対QでOが好きと判断されることがある。これを一巡三角形と呼ぶ。

③ 感覚による錯誤

対比効果、順序効果、記号効果などのさまざまな心理的、生理的な効果として知られている。錯覚による錯誤で有名なものに、ミューラー・リヤーの図形やだまし絵などがある。

このようなあいまいさを、官能評価の問題点として取り上げることができる。官能評価は、人間という測定器を使用するため大きな誤差変動を伴うのは避けがたい。そこで、統計的方法を採用することにより、誤差を確率的に扱うことで信頼性を確保しようとする。ただし、いかに洗練されたデータ解析法を駆使しても、分析対象であるデータが信頼性の高いものでなければ意味のある結果は期待できない。そのためには、信頼性の高いデータを収集する必要がある。官能評価は、質問紙法による測定が中心であることから、尺度構成や質問票の作成が重要となる。さらには、測定器である人間（パネル）の管理・設定が重要である。参考のため、測定器を用いて測定する理化学的測定（例えば、身長を身長計で測定するといったようなもの）と官能評価の違いを一覧表にしておく（増山栄太郎、小林茂雄、1989）。

● 表V-3　理化学測定と官能評価

	理化学的測定	官能評価	
測定器	機械	人間	
測定課程	物理的	心理的	
出力	定量的	定性的	
測定器誤差	小さい	大きい	＊測定器内・間
再現性・安定性	高い	低い	
抽象的測定	不可能	可能	＊あいまいさ、複合的
総合的測定	不可能	可能	＊嗜好、選好など

【4】感覚による錯誤の統制（心理的・生理的効果とその統制）

　官能評価は、人間が測定器であることからさまざまな問題が存在する。なかでも、感覚による錯誤の統制は、マーケティング・リサーチとして、テストを実施する際に極めて重要なポイントとなる（日科技連官能検査委員会、1973；佐藤、1978；森、吉田、1990）。

① 順序効果

　2つのテスト品を比較する時、客観的基準に関係なく、最初あるいは後のテスト品を過大に評価する傾向を順序効果という。先のテスト品を過大評価する場合を正の順序効果、後のテスト品を過大評価する場合を負の順序効果という。

　順序効果を統制するためには、テスト品がOとPであれば提示順をO→PとP→Oの両方の組み合わせで提示する必要があり、両方の提示回数を同一にする必要がある。また、1パネルに対し判断を複数回求める場合がある（繰り返しという）。この場合は、各組合わせごとの提示回数を同一にし、提示順は無作為化する（これをつり合い完全型計画という）。1パネルの判断回数が1回で、100人にテストをするといった場合でも、パネルを繰り返しと考えて、テスト品の組合せごとの提示回数は同一とし、つり合い完全型計画とする必要がある。

〈つり合い完全型計画の例〉

	1	2	3	4	5	6	7	8	9	10	（繰り返し回数）
先の提示	O	P	P	O	O	P	P	P	O	O	
後の提示	P	O	O	P	P	O	O	O	P	P	

順序効果については、味覚評価では、同時提示では正の順序効果が認められ、時間を置いて提示した場合は負の順序効果が認められ、さらに時間をおくほど強い効果が認められるとされている（Schwartz、Pratt、1956）。

② 記号効果

テスト品の評価に関係なくテスト品につけた記号のみの好みが判断に影響することを記号効果という。この効果に関する研究はいくつかあるが、研究成果が定まっているわけではない。

記号効果を統制するためには、数字や記号のはじめの部分（1，2，3……，A，B，C，……，イ，ロ，ハ，……など）と終わりの部分（8，9，10，X，Y，Z，セ，ス，ンなど）は使用しない。特別な意味を持つ数字や記号は使わない。例えば「ラッキー7」、「高いことを表すHや低いことを表すL」などである。また、記号を使わなくてもよい場合は極力使用しない方がよい。テスト品が多い場合は、ランダムに記号を選択するといった方法をとる必要がある。

③ 位置効果

テスト品の評価に関係なく、ある特定の位置に置かれたものが選ばれることを位置効果という。位置効果は、テスト品を並べて提示するときにみられる効果であり、識別法、カラーテスト、デザインテストで多くみられる。2点提示では、向かって右側、3点提示では中央、4点ないし5点提示では両サイドのテスト品がよく選ばれることが認められている。

位置効果を統制するためには、テスト品が3点以上であれば円形に配置する。円形に配置できないのであれば、無作為に配置する。この場合、

繰り返しが無い場合でもパネルを繰り返しとみなして、テスト品の組合せごとの提示回数を同一にするつり合い完全型計画とする必要がある。

④　初期効果と練習効果

連続してテスト品を評価する場合にみられる効果であり、判断を繰り返すごとに判断が変化することをいう（判断が、一定して上昇したり下降したりする）。これは順序効果と同じであり、提示順による偏りである。初期効果は、判断に慣れていない、あるいは自信が持てないことから、中間的な判断をすることをいう。

初期効果を統制するために、最初に練習用としていくつかのテスト品を提示する方法がある。基本的に順序効果と同じ方法により統制できる。

練習効果は、同一パネルに複数回テストを行うことにより生ずる効果でもある。このため、テスト回数を制限する必要がある。

⑤　疲労効果

テスト品数が多い、あるいは１回のテストに時間がかかるといった場合にみられる効果である。疲労には身体的疲労と精神的疲労があるが、どちらも注意力や意欲の低下が判断に影響することをいう。

疲労効果を統制するためには、提示するテスト品数を制限する、テストの途中で動機付けをする、テスト環境を変える、休憩を入れるといった方法が考えられる。

ひとつの刺激を長く受けていると次第に知覚が弱くなり、ついに感じなくなってしまう。これを順応という。順応は、人間が環境条件に自らの特性を合わせようと調整することをいう。

⑥　対比効果

強い刺激を与えた後に弱い刺激を与えると、その弱い刺激がより弱く感じられるというような、対比する刺激を与えた時その特徴が強調される現象を対比効果という。２つの刺激を同時に与えたときに生じる現象を同時対比、一つの刺激を提示した後に次の刺激を提示したときに生じ

る現象を継時対比という。対比効果を統制するためには、次のような方法がある。

　色対比：テスト品間の距離を充分にとる。グレーマウスをかける。テスト品の色よりも若干周りの明るさを暗くする。提示順をランダム化、あるいはつり合い完全型計画化する。

　味覚対比：テスト間隔をあける。テスト間に口のすすぎを行う。提示順を無作為化あるいはつり合い完全型計画化する。

対比効果と似た効果に、残存効果がある。これは、味覚や嗅覚テストで、最初の刺激が口の中や嗅覚に残って、次の刺激に影響を与える効果である。

⑦　期待効果

パネルがテスト品に対し何らかの先入観をもっているとき、その先入観が判断に影響を与えることを期待効果という。

期待効果を統制するためには、テスト前にテストに関わる情報を一切与えない、テスト品のメーカー、ブランドをブラインド（目かくし）とするといった方法が考えられる。

⑧　実験者効果

心理実験でいわれる効果であり、実験者の表情の変化や仕草によってパネルに情報を送ってしまうことにより、実験結果にバイアスがかかることを実験者効果という。

⑨　偽薬効果

偽薬効果とは、暗示効果である。例えば、睡眠薬の代わりにただの砂糖を与えただけで、よく眠れるようになったという人がいる。これは、薬を飲んだという一種の暗示にかかり、眠れるようになったということである。

【5】テスト品の提示方法

① テスト品の提示順

　順序効果、位置効果、初期効果と練習効果、疲労効果、対比効果の統制方法としては、テスト品の提示順序が重要となる。これを、効果を相殺（カウンターバランス）するという（日科技連官能検査委員会、1973；森、吉田、1990）。前述のつり合い完全型計画もそのひとつである。ここでは、テスト品が多い場合のテスト品の提示順について解説する。

　テスト品が2種類の場合は、2種類の実施順だけであるが、テスト品数が多くなると順列は飛躍的に多くなる。例えば、1パネルがいくつかのテスト品を判断するケースがある。この場合、テスト品の提示順が問題となる。O、P、Qの3種類のテスト品がある場合で考えてみる。

　　　　　　　　　提示順
　実施順1　　　　O→P→Q
　実施順2　　　　P→Q→O
　実施順3　　　　Q→O→P

この場合、各テスト品が何番目に判断されたかはカウンターバランスされている。しかし、Pは常にOのあとであり、QはPのあと、OはQのあとでありカウンターバランスされていない。このような場合循環法が用いられる。テスト品が6品（仮にOからTまでをテスト品記号とする）の場合で考えてみる。

　実施順序は6通りである。まず、実施順1を無作為に設定する。実施順2は、実施順1で指定されたテスト品の次のテスト品とする（最後のテスト品の場合は最初のテスト品に戻る）。以下この繰り返しで6通りの実施順を決める。実施順1を決める際には無作為に決める。OからPあるいはPからO、RからはじまりTまでといった規則的な順序ではカウンターバランスできない。

　実施順は、それぞれパネルであることから、6人のパネルにテストする際のテスト品の提示順ということになる。

```
              提示順
実施順1      O    P    S    R    T    Q
実施順2      P    Q    T    S    O    R
実施順3      Q    R    O    T    P    S
実施順4      R    S    P    O    Q    T
実施順5      S    T    Q    P    R    O
実施順6      T    O    R    Q    S    T
```

　例からもわかる通り、各テスト品の次のテスト品は無作為でありカウンターバランスされていることがわかる。例の提示順をみると、各行には必ずOからTまでの各テスト品が1回だけ判断され、各列でも必ずOからTまでの各テスト品が1回だけ判断されており、各テスト品が6回判断されていることがわかる。このような方法をラテン方格と呼ぶ。また、このラテン方格は、テスト品の配列がカウンターバランスされている特殊なラテン方格である。

　この例では、1パネルが6つのテスト品を判断することになる。これでは、疲労効果が高すぎると判断した場合、判断回数を削減する必要がある。こうした場合採用されるのが、つり合い不完全型計画である。これまで解説してきた方法は、つり合い完全型計画である。テスト品が、O、P、Q、Rの4種類の場合で考えてみる。まず、つり合い完全型計画でラテン方格を組んでみる。

```
実施順1      Q    O    R    │P│
実施順2      R    P    O    │Q│
実施順3      O    Q    P    │R│
実施順4      P    R    Q    │O│
```

　このラテン方格からどこかの列を1列抜けば、つり合い不完全型計画となる。例えば最後の列を抜いた場合でみると、各テスト品は3回ずつ判断されており、各列、各行共にいずれのテスト品も1回ずつ判断されている。これは、各行ごとにみた場合、Q-Oといった任意の組み合わせが2つずつ含まれていることになる。これを会合数という。このように、つり合い不完全型計画は、判断回数と会合数が一定であるという条

件を満たしたものをいう。上記をつり合い完全型計画を用いて計画した場合、繰り返しを3回とするならば、実施順1から実施順3までの判断を測定すればよい。このため、パネルは3名で済む。しかし、つり合い不完全型計画では、実施順4までを実施しないとつり合い不完全型計画の条件を満たさない。つまり、つり合い不完全型計画の方が多くのパネル人数を必要とする。これは、判断回数を減らした分をパネルの人数により補っていることを示している。つり合い不完全型計画の究極的な計画が一対比較法である。

【6】テスト（実験）・デザイン

　これまで、感覚による錯誤のコントロール、テスト品の提示方法を解説してきた。このほか基本的に官能評価法は、実験計画法と呼ばれる技術を基本としている。

　実験計画法には、いかにして偏りのない信頼性の高いデータを得るかという実験デザイン（実験配置法）と、実験の結果得られるデータの統計解析といった2つの側面がある。

　マーケティング・リサーチで実施される各種のテストと実験計画法の関連でいうと、各テスト品へのパネルの割り付け方法という問題に帰着する。自己の経験や知識によりパネルの反応（評価）におよぼす剰余変数（本書V-1「実験調査法」を参照）をコントロールし、より高い精度を持って有意味な情報を抽出するための方法である。例えば、飲料のテストを行う場合、性により評価や嗜好が異なるかもしれない、年齢により評価や嗜好が異なるかもしれない、普段よく飲む飲料により評価や嗜好が異なるかもしれないといった先験的知見がテスト品の評価や嗜好におよぼす影響を考えることである。また、剰余変数に関して、よく問題にされるのは交互作用である。交互作用は、人間には個人差があり、好き嫌いや好みには性差、年齢差などがパネルとテスト品の交互作用として現れるとされている。例えば、2品のテスト品NとPがあるとする。それぞれの評価の平均値を折れ線グラフ化したとき、図V-1のよ

●図Ⅴ-1　交互作用がない場合

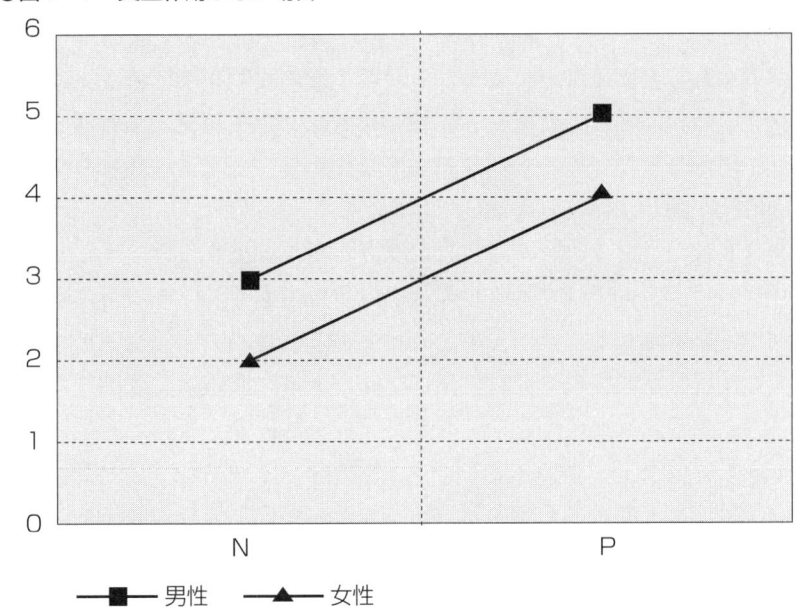

●図Ⅴ-2　交互作用がある場合

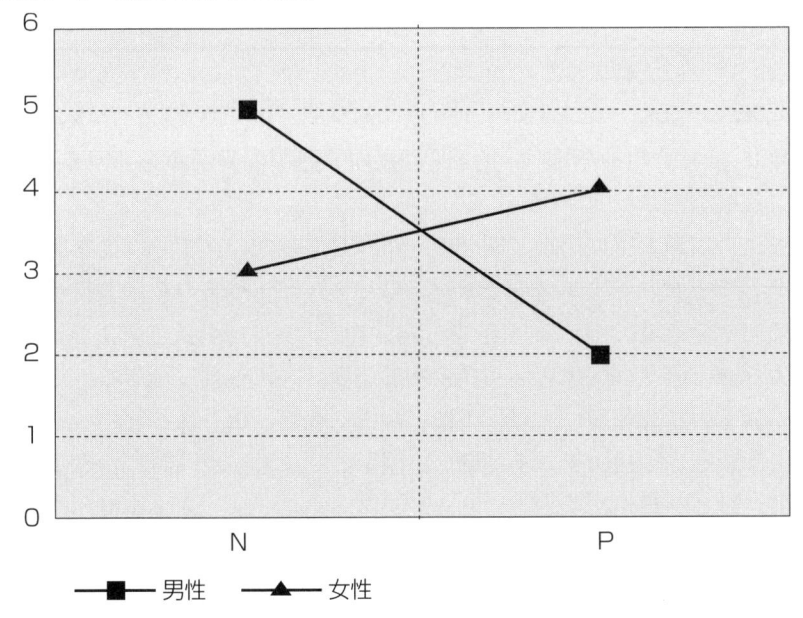

第Ⅴ章／実験調査法と評価技法の概説

うに評価差はあっても、グラフが平行であれば交互作用はない。一方、図V-2のようにグラフが交差してる場合は、性とテスト品間に交互作用がみられるということになる。これは1次の交互作用である。このグラフを主飲料品ごとに作成し、同様に折れ線グラフが交差すれば2次の交互作用があるということになる。交互作用は、2次より高次の交互作用は解釈が難しくあまり現実的ではない。

　剰余変数のコントロールは、この交互作用を検出するということに他ならない。テストでは交互作用の検出は重要であり、できるだけ多くの交互作用を推定することが分析上有効である（森、吉田、1990）。

　交互作用と混同されやすい効果に交絡がある。交絡は、評価におよぼす2つ以上の変数自体が互いに共変している状態で、それぞれの変数による効果が分離できない状態をいう。例えば、飲料品のテストを行うにあたって性と主飲料品を剰余変数と考えた。男性ではコーヒー、女性では紅茶をほぼ全員が主飲料品としており、男女別あるいは主飲用品別に評価差があった場合、その評価差の要因が性が影響しているのか主飲用品が影響しているのか効果が分離できないといった場合、これを交絡という。

　このように、剰余変数のコントロールは、テストにおいてきわめて重要な問題である。コントロール方法は実験調査法で解説したように、(イ)一定化、(ロ)バランス化、(ハ)ランダム化の3種類の方法がある（本書V-1「実験調査法」を参照）。

　また、実験調査の場合、同一のパネルがすべてのグループに参加することができないが、テストでは同一のパネルがすべてのテストに参加することができる。例えば、歯ブラシのプロトタイプ2品をテストするとしたとき、歯茎の疾患程度が剰余変数として考えられるとする。この場合、歯茎の疾患程度により、重傷、中傷、軽傷、疾患なしといったように分類する。2品のテスト品間で、歯茎の疾患程度が同質になるように割り付ける必要がある。このとき、テスト品ごとにパネルを無作為に割り付けるとする。この場合は、各テスト品に異なるパネルが割り当てられることになる。一方、同一のパネルが2品両方のテスト品の評価に参

加するように割り付ける方法がある。この場合、2品のテスト品は同一のパネルにより評価されることになる。

　実験計画法では、前者の割り付け方法を完全無作為化計画、後者の割り付け方法を、乱塊法と呼んでいる。このように、剰余変数のコントロールは個人差のコントロールであり、無作為化により個人差をコントロールするのか、すべてのテストに同一のパネルを参加（あるいはブロック化）させることでコントロールするのかということになる。テスト品ごとにパネルを無作為に割り付ける方法は、パネル対応がないデザインであり、同一のパネルが2品両方のテスト品の評価に参加する方法は、パネル対応があるデザインということになる。パネルに対応があるかないかは、検定統計量の計算に際し計算式が異なるので、注意を要する。

【7】 テスト品の使わせ方とパネルの割り付け方法

　前項でパネルの割り付け方法を解説した。本項では、マーケティング・リサーチで利用されるテスト方法と、パネルの割り付け方法の関係について解説する（日本マーケティング・リサーチ協会、1995）。

　① モナディック・テスト
　1パネルに1種類のテスト品を割り付ける方法をいう。テスト品が2種類ある場合、パネルを2分割しそれぞれのグループごとに1種類のテスト品を割り付ける方法である。

　パネルの割り付けは、剰余変数が2品のテスト品間で同質になるように割り付ける必要があり、割り付けに際して無作為に割り付けることになる。パネル対応がないデザインであり、実験計画法では、完全無作為化計画ということになる。このテスト方法は、テスト品が何品であってもテスト期間は一定であり、テスト期間という点からは、もっとも時間的コストのかからない方法である。

② 逐次モナディック・テスト（シーケンシャル・モナディック・テスト）

例えば、テスト品が2種類（M、N）ある場合、ある一定の期間Mを使用し、その後ある一定の期間Nを利用する。一時に使用するのは1テスト品であり、2つのテスト品を同時に使用することはない。いわゆるテスト品の入れ替えを行う方法である。

パネルの割り付けは、同一のパネルが2品両方のテスト品の評価に参加するように割り付ける方法である。このため、2品のテスト品は同一のパネルにより評価されることになる。この方法は、パネル対応のあるデザインであり、実験計画法では、乱塊法ということになる。テスト品が3種類以上あってもテスト品の提示方法は同じである。

逐次モナディック・テストは、パネルの手元には常にテスト品は1品だけしかない状態である。このため、同時に使用させると混乱しやすい、テスト品の使用順序を厳格にしたいといった場合に適用される。ただし、この方法は、テスト品を1品ずつ入れ替えて使用させるため、テスト期間という点からはもっとも時間的コストのかかる方法であり、入れ替え費用も必要となる。この方法を利用するときは、順序効果（本書Ⅴ-2-〔4〕「感覚による錯誤の統制」を参照）を相殺する必要がある。

③ 一対比較テスト

1パネルに、2種類のテスト品を同時に渡して、比較しながら評価してもらう方法である。パネルは2種類のテスト品を比較しながら評価ができるため、詳細に違いを評価したり、細かい違いの評価をしたりといった場合に向いている方法である。

例えばM、N、Oと3品ある場合は、M、Nの組合せ、M、Oの組合せ、N、Oの組合せというように、総当たりの3種類を作成する。パネルについても、3群の同質なグループを作成し、1組ずつのテスト品を割り当てる。あるいは、1人のパネルに3種類のテスト品を渡し、M、Nの組合せ、M、Oの組合せ、N、Oの組合せといったように、2つのテスト品を1組ずつ取り出して相対比較させる。このように、いずれか

の方法をとることができる。一対比較テストでは、順序効果は考慮されていない（本書V-2-〔10〕-④「一対比較法」を参照）。

【8】オープンテストとブラインドテスト

　テストを実施したとき、テスト品の状態はテスト結果に重要な影響を与えることから、テスト品がどのような状態であったかは極めて重要である。また、テスト品の状態により、テスト方法が異なることがある。
　テスト時、ブランドやメーカー名がオープン（メーカー名やブランド名がわかる状態）にされた状態でテストされたか、ブラインド（メーカー名やブランド名がわからない状態：目かくし）でテストされたかは重要である。メーカー・ブランド・ブラインドテストとメーカー・ブランド・オープンテストと呼ばれる。マーケティング・リサーチで行われるテストは、製品開発のステージによりテスト品の状態が異なる。また、競合品の分析でも、その目的によりテスト品の状態は異なる。製品開発の初期段階ではブラインドテストが中心であり、最終段階でオープンテストが用いられる。
　ブラインドテストは、製品の本来的な性能が評価される。一方オープンテストは、メーカーやブランドがオープンであり、評価はメーカー力やブランド力が反映した結果となる。目標品質の達成度や、競合商品との相対的な製品力は、ブラインドテストによる方が客観的な評価を得ることができる。ただし、最終評価はできる限りオープンブランドでの評価を測定することが望ましい。これは、ブラインドテストでは十分な性能を有し、競合品に対しても有意な評価を得ていても、メーカー力やブランド力が反映すると、市場で十分な売れ行きを確保できない場合があるためである。ブラインド評価よりもオープン評価が著しく悪いといった場合もみられるので、最終確認はオープン評価を考慮するべきである。
　ブラインドテストは、単純な評価測定のためのテストと、C／Pテスト（コンセプト／プロダクトテスト）といわれる、コンセプトを伴った製品評価がある。これは製品官能の単純な記述・評価から、コンセプト

とのマッチングの問題を含めた測定という測定範囲の拡大を意味している。

　また、テストをする際、どのようなパッケージを使用するかも重要である。ブラインドテストでは、テスト品が２品以上ある場合、パッケージの影響をコントロールして評価を得る必要がある。このため、デザイン、色を含めて同じパッケージが使われなくてはならない。オープンブランドテストでは、パッケージのデザイン、使用性を含めた総合的な評価を得る必要がある場合はこの限りでない。

【9】テスト方法

　① 会場テスト（CLT、ホールテスト）

　テスト条件をコントロールしたい場合に利用される。この調査方法では、テスト環境（室内の明るさ、温度や湿度、雰囲気など）、テスト品条件（テスト品の温度、湿度などテスト品の状態）、テスト品の提示条件（テスト品の使用方法や使用順序など）をコントロールしやすい。

　② ホームユーステスト（HUT）

　パネルにテスト品を手渡し、日常生活の中で一定期間使用してもらい、評価を得る方法である。使用する場所は、自宅使用の商品であれば自宅で使用してもらう。例えば、旅行時に使用する商品であれば旅行中に使用してもらう必要がある。このテスト方法の主たる目的は、実際の使用状況における評価を得ることにある。この他、評価や嗜好を測定するという目的以外に、普段の使用状態での不具合チェックという目的もある。HUTは、秘密の保守が重要である。

【10】評価方法

　テストでよく利用される代表的な評価方法には、次のようなものがある。評価方法により、適用可能な統計解析の方法が異なることに注意す

る必要がある（日科技連官能検査委員会、1973；佐藤、1978）。

① 選択法
　t種類のテスト品の中から、嗜好に合うテスト品を1点あるいは複数選択させる方法である。回答形式でいうと、単一選択式（SA）あるいは複数選択式（MA）ということになる。

② 順位法
　t種類のテスト品の中から、嗜好に合う順にテスト品を順位付けさせる方法である。回答形式でいうと順位法（ランキング）ということになる。順位法では、同順位（タイ）を許す場合と許さない場合とがある。
　テスト品が多い場合、順位付けすることは極めて難しい。そこで、まず嗜好に合うものと嗜好に合わないものに大きく2分させる。その上で、それぞれの山ごとに順位付けさせる方法がある。これを山分け法という。

③ 評定法と得点法（スコア法）
　テスト品に対し評定尺度（本書Ⅲ-3-〔4〕「回答形式の設計」を参照）により評点を与える方法である。評定尺度は、5段階法（5件法）および7段階法（7件法）が一般的である。評定尺度は厳密には順位尺度であるが間隔尺度として取り扱っている。とくに間隔尺度とみなして統計解析を行う場合を考慮すると4段階法以上が望ましい。
　得点法は、10点あるいは100点満点の何点くらいになるかを聞く方法であり、数量型の自由回答ということになる。

④ 一対比較法
　t種類のテスト品を相対比較する場合、一度にt種類のテスト品すべてを相対評価することは困難である。その場合、2個ずつ取り出して相対比較し、最終的にすべての相対比較を行う方法を一対比較法という。一対比較法は相対比較による評価であり、テスト品間の差は相対的な差として判断されている。

一対比較法では、パネルの対応のあり、なしと順序効果を考慮しているか、していないかにより分析方法が異なる。一対比較法の分析方法としてよく利用されるシェッフェ法は、表Ⅴ-4のように分けられる。

●表Ⅴ-4　シェッフェの一対比較検定

	順序効果を考慮する	順序効果を考慮しない
パネル対応なし	シェッフェの原法	浦の変法
パネル対応あり	芳賀の変法	中屋の変法

　表Ⅴ-4でいう順序効果の考慮とは、例えばテスト品Oの次にテスト品Pを提示された場合、一対比較法では、テスト品Oに対しテスト品Pをどの程度に評価するかを判断させることとなる。このとき、テスト品Oを再評価させるかどうかということになる。これを、判断の往復という。判断の往復を認めない場合は、一度評価したテスト品Oに対しテスト品Pを判断する（逐次モナディック・テストでの相対評価は、この方法ということになる）。一方判断の往復を認める場合は、テスト品Oに戻って比較し直すことを許す。このため、O→Pという順序なのか、P→Oという順序なのかは検出されない（一対比較法はこの方法ということになる）。

　マーケティング・リサーチのテストでは、洋服やパッケージのデザイン、カラーリングなどといった評価は判断の往復を認めることが多く、歯磨きや歯ブラシ、シャンプーなどの評価では判断の往復を認めないことが多い。これは、実際の市場で評価をする際、判断の往復をして評価するモノとそうではないモノによって分かれているといえる。

　⑤　3点比較法
　3点比較法には、3点識別法と3点嗜好法がある。テストでは3点嗜好法を利用することができる。この評価方法はあまり利用されることがない方法であるが、テスト品の識別可能性という点で示唆に富んだ問題を提起しているため解説しておく。

3点比較法では、2点のテスト品を提示する際、どちらか一方を2個、他方を1個の合計3個を1組にしてパネルに提示し、異なる1個を選択させる。テスト品がOとPであれば、例えばO、O、Pといった3個を提示する。3点比較法では、2個のテスト品を偶数試料、1個のテスト品を奇数試料（半端試料）と呼ぶ。評価方法は、まず奇数試料を選び出させ、次いで選び出したテスト品と残りのテスト品を比較してどちらが嗜好に合うかを判断させる。質問は以下のように行う。

　　質問1）次の3個のテスト品のうち、2個は同じもので1個は異なったものです。
　　　　　その異なるテスト品を選び出してください。
　　質問2）選び出したテスト品と、残りのテスト品を比較してどちらが好き（買いたい）ですか。

　3点嗜好法では、テスト品間の差が認識できない場合（3点識別法で有意差がない場合）、嗜好判断を求めない場合と判断を求める場合がある。判断を求めない立場は、差が認識できないテスト品の嗜好を聞くことに意味がないという立場である。後者は、たとえ差が認識できなくても、嗜好を判断する際、必ずしも判断がランダムになされているわけではないという立場に立っている。

【11】絶対評価と相対評価

　テストでの評価には、絶対評価と相対評価がある。絶対評価は、評価対象に対し、個人に内在化されている判断基準に照らして評価をしてもらう方法である。一方相対評価は、基本的には2品のテスト品を比較して評価してもらう方法であり、一方を基準に、他方はその基準に比較してどの程度評価できるか（好きか嫌いか）を確認する方法である。相対評価は2品間の相対的な評価である。このためパネル（評価者）が2品とも本来的には評価していない（好まない）場合がある。テスト品の本来的な評価（好嫌度）は絶対評価により確認する必要がある。

　絶対評価と相対評価を比較すると、相対評価の方が判断しやすく、絶

対評価の方が判断が難しいとされている。とくに、初期効果（本書Ⅴ-2-〔4〕-④「初期効果と練習効果」を参照）もあり、最初に行う絶対評価は難しいとされている。

　絶対評価と相対評価の測定に際しては、2つの測定基準がある。ひとつには総合評価、もうひとつは項目別評価である。総合評価は、そのテスト品の総合的な評価であり、評価の基準を与えずに測定する。項目別評価は、細かく評価基準を与えて評価を測定する。例えば、清涼飲料水であれば、清涼感、味、香りなどといった製品属性ひとつひとつについて確認をすることになる。相対評価も同様である。

　これ以外に、製品テストでは方向性評価を確認する。これは、例えば清涼感について、良し悪しを確認した時、良くないという評価だったとする。この時、清涼感が強くて良くないのか、弱くて良くないのかが絶対評価からだけでは判断ができないため、方向性評価を確認する。方向性評価は、例えば、清涼感であれば以下のような質問を行うことになる。

　　質問）清涼感はどのようにお感じになりましたか。
　　　　1．強すぎる　　　　　　　　4．やや弱すぎる
　　　　　　　　3．丁度良い
　　　　2．やや強すぎる　　　　　　5．弱すぎる

　この場合、「3．丁度良い」の評価が良いことになる。方向性評価は、基本的に強弱、大小といったスケールで測定されなくてはならない。

【12】 閾値とその測定法

　例えば天然甘味料を人工甘味料に変更したいといった場合、製品評価として同じ評価が得られれば問題がないであろう。そうしたとき、味として弁別できない濃度を知りたいといったことがある。こうしたときの基本的な考え方について解説する。

　特定の感覚、あるいは反応を引き起こすために必要な最小の刺激量を、刺激閾（絶対閾ともいう）という。刺激閾は、検知閾値と認知閾値に分けられる。水にごく少量ずつ塩を加えていった時、塩辛いとは分からな

い（味の性質は不明である）が水とは違うと認識できるときの塩分濃度を検知閾値という。さらに少量ずつ塩を加えていくと、塩辛いと感じる塩分濃度に達する。このときの塩分濃度を認知閾値という。さらに塩を加えていくと塩辛さは増していく。しかしいずれ、塩分濃度を増しても塩辛さが増加しない濃度に達する。これを刺激頂という。認知閾値から刺激頂の間の塩分濃度で、塩分濃度を変化させたとき、塩辛さが変化したと認識できる最小の濃度差を弁別閾という。

塩辛さを感じる調味料としては、天然塩や塩化ナトリウムがある。天然塩の10％溶液と等しい塩辛さを感じる塩化ナトリウムの濃度を求めたとき、この濃度を天然塩10％溶液に対する塩化ナトリウムの等価刺激という。

閾値の測定には２点識別法や３点識別法を用いることができ、製品開発や改良ではそうした方法も利用されている（佐藤、1985）。

【13】モニターテスト実施にあたってのチェック・ポイント

これまで、製品テストなど評価技法を利用したマーケティング・リサーチを行う上で必要となる技術、注意点を解説してきた。実際にテストを行う際、チェックする必要のあるポイントをまとめておく。当然ながら、テスト目的、テスト品数などの条件は確認済ということでのチェック・ポイントである。

① 剰余変数は
・評価に影響を与える剰余変数は何か
・パネルとテスト品間の交互作用を考慮した設計になっているか
② 感覚による錯誤のコントロールは
・どのような感覚による錯誤が考えられるか
・その感覚による錯誤は適正にコントロールされているか
③ テスト品の使わせ方とパネル割り付けは
・モナディック・テスト、逐次モナディック・テスト、一対比較テストいずれのテスト方法を利用するか

・パネル割り付けは適正になされているか
④　テスト品の状態（テスト条件）は
　　・ブラインド・テスト、オープン・テスト、C/P テストいずれのテストを採用するか
⑤　テスト方法は
　　・会場テスト、ホームユーステスト（HUT）いずれの方法を採用するか
⑥　調査方法は
　　・面接調査、留置き調査、郵送調査、インターネット調査など

第Ⅵ章 データ分析の方法

データ分析では、まず度数分布表、記述統計量を検討する。分布を特徴づける統計量としては、次のふたつが重要である（島崎哲彦、2008）。
- 分布の中心的傾向を表す測度（算術平均、中央値、最頻値を代表値と呼ぶ）
- 分布の散らばりを表す測度

1 分布の中心的傾向を表す測度（分布の代表値）

【1】算術平均（平均値）

算術平均は、測定尺度の水準が間隔尺度（本書Ⅲ-3-〔5〕「尺度」を参照）以上の水準で測定されている場合に適用できる。一般的に平均値と呼ばれているのはこの算術平均である。評定尺度を用いて測定した場合、間隔尺度とみなして分析することが一般的である（評定尺度は厳密な意味では順序尺度である）。

$$\bar{x} = \frac{1}{n}\sum_{i=1}^{n} x_i \quad \cdots\cdots 6.1$$

平均値は、6.1式に示すようにデータの総和を標本数で除すことで計算される。

平均値は、偏差の総和を0にする、偏差の2乗和（偏差平方和）を最小にする値であり、これらは平均値の重要な性質である。

【2】中央値（メディアン）

中央値は、中位数とも呼ばれる。順序尺度（本書Ⅲ-3-〔5〕「尺度」を参照）以上の水準で測定されているデータに適用できる。中央値は、すべてのデータを大きさの順に並べた時、ちょうど真ん中に位置する値である。データ数が偶数である場合、例えばデータが10個であれば、5番目のデータと6番目のデータを足して2で割るということになる。中央値は、度数分布表からも計算できる。

【3】最頻値（モード）

最頻値は、モードあるいは並み数とも呼ばれる。もっとも度数の多い回答選択肢（カテゴリー）であり、最頻値はどの尺度水準で測定されていても用いることができる。名義尺度（本書Ⅲ-3-〔5〕「尺度」を参照）で測定されている場合、代表値としては、最頻値だけを用いることができる。

代表値は、尺度水準や分布の状態により最適なものを選択する必要がある。正規分布（正規分布は次のような性質を持った分布である：平均と分散により完全に記述され、平均を中心に左右対称である。平均値を中心に、標準偏差の±1倍の範囲の値をとる確率が68.3%、±1.96倍の範囲の値をとる確率が95.4%、±3倍の範囲の値をとる確率が99.7%という区間確率をもつ）では、どの代表値を用いても問題がない。この場合、全データの情報を利用していることから平均値を用いるのが妥当である。他方、非対称分布（代表的な分布に、右に歪んだ所得分布などがある）の場合、中央値ないし最頻値を代表値とすることが一般的である。また、少数の極端な値（外れ値）がある場合、平均値はこの外れ値の影響を受けることから、中央値を用いる方がよい。

❷ 分布の散らばりを表す測度（分散と標準偏差）

　代表値だけで分布の特徴が記述されるわけではない。平均値が同じであってもデータの散らばり具合が異なれば分布の形も異なる。こうしたことから分布の散らばりである散布度を記述する必要がある。分散、標準偏差は間隔尺度、比例尺度（本書Ⅲ-3-〔5〕「尺度」を参照）で測定されたデータの散布度の測度である。

$$SD = \sqrt{\frac{1}{n}\sum_{i=1}^{n}(x_i - \bar{x})^2} \qquad \cdots\cdots\cdots 6.2$$

　6.2式からもわかるように、分散は偏差2乗和（各観測値と平均値の差の2乗）の平均ということになる。分散が大であるということは分布が拡がっていることを意味し、小であるということは平均値付近に集中していることを意味している。分散は2乗されているため、測定の単位とは異なっている。そこで、一般的には分散の平方根を取った標準偏差（SD）が使われることが多い。

❸ 2変数間の関連の分析

【1】相関係数（ピアソンの積率相関係数）

　2つの変数間の関係を考察する場合、相関係数を用いることが多い。一般的に相関係数といった場合、ピアソンの積率相関係数を指すことが多い。ピアソンの積率相関係数（以下相関係数）は、間隔尺度（本書Ⅲ-3-〔5〕「尺度」を参照）以上の尺度水準に適用される測度である。相関係数は、一方の変数の値が高くなれば、他方の変数の値も高くなる、あるいは一方の変数の値が高くなれば、他方の変数の値は低くなるといった直線的な関係を表している。相関係数は6.3式によって定義される。

$$r = \frac{\sum(x_i - \bar{x})(y_i - \bar{y})}{\sqrt{\sum(x_i - \bar{x})^2 \sum(y_i - \bar{y})^2}} \qquad \cdots\cdots\cdots 6.3$$

　相関係数は、個々の調査対象者ごとに2変数が同時に測定されている必要がある。相関係数は、$-1 \leq r \leq 1$の値を取り、2変数間に完全な正の相関がある場合に1、完全な負の相関がある場合に-1、直線的な関係が全くない場合に0となる。相関係数の評価については明確な基準はない。経験的には

　　$0.0 \leq |r| \leq 0.2$　ほとんど相関なし。
　　$0.2 < |r| \leq 0.4$　弱い相関がある。
　　$0.4 < |r| \leq 0.7$　中程度の相関がある。
　　$0.7 < |r| \leq 1.0$　強い相関がある。

というところが目安である。
　しかし、相関係数の大きさの評価は便宜的なものである。
　相関係数が低いということは、直線的な関係はみられないということであり、2変数間に関係がないということにはならない。また、相関係数は少数の外れ値の影響を強く受ける。とくに、データ数が少ない場合に影響が大きい。こうした場合、順位相関係数（本書Ⅵ-1-〔3〕「順位相関係数」を参照）を求める方がよい。

【2】連関係数

　連関係数は、カテゴリー化された2変数間の関連の強さを表す測度であり、測定尺度の水準が名義尺度の場合、2変数間の関連は連関係数によりその強さを評価することになる（名義尺度の場合方向は意味を持たない）。連関には、クロス集計表の極限状態から最大関連、完全関連という2種類の状態がある。連関係数は、最大値が完全関連を想定している測度と、最大関連を想定している測度がある。クロス集計表の極限状態が、最大関連になる場合は最大関連を想定した連関係数を適用した方がよい（島崎、2008）。

連関係数で代表的なものには、次のような測度がある。

① 四分点相関係数（ϕ）

四分点相関係数は、$-1 \leq \phi \leq 1$ の値をとる。四分点相関係数は、完全関連を想定した測度である。このため、最大関連の場合には 1 にならない。

② ユールの連関係数

ユールの連関係数は、最大関連、完全関連ともに 1 または -1 になる。

③ クラメールの連関係数

2×2 のクロス集計表以上については、クラメールの連関係数により評価できる。クロス表の独立性の検定（本書Ⅵ-5-〔1〕「選択法」を参照）では、χ^2 値によって検定される。しかし、χ^2 の最大値は総度数とカテゴリー数に影響される。そこで、χ^2 の値をそのクロス表から計算される χ^2 の値の最大値で除すことにより、0～1 の範囲を取るように定義したものがクラメールの連関係数である。クラメールの連関係数は完全関連を想定した測度であり、最大関連の場合は 1 にならない。

【3】 順位相関係数

順位相関係数は、一方の変数の値が増加（減少）するとき、もう一方の変数の値も常に増加（減少）するという単調増加（減少）の関係が存在するか否かを表す測度である。この測度では、変化量は問題とされない。

順位相関係数は、以下のような場合に適用される。
　イ．順序尺度で測定されている。
　ロ．外れ値が存在する。
　ハ．単調増加（減少）だけを問題としたい。
　ニ．データが数値によって表されていない。

スピアマンの順位相関係数は、6.4式によって定義される。

$$r_s = 1 - \frac{6\sum d^2}{n^3 - n} \qquad \cdots\cdots 6.4$$

d は対応する順位の差

スピアマンの順位相関係数は、各ケースの順位が2変数間でどの程度一致しているかという考えに基づいている。r_s は順位が完全に一致しているときに1、完全に逆転しているときに−1をとる。r_s の大きさの評価は、ピアソンの積率相関係数に準じる（西平重喜、1985）。

4 統計的仮説検定

【1】統計的仮説検定の考え方

これまでは、代表値や散布度、2変数間の関連について、その特徴を記述する方法を解説してきた。これらは記述統計といわれる。しかし、定量的調査によりデータ収集を行うのは、データを記述することだけが目的ではなく、母集団における一般的傾向を知ることが目的であろう。また、製品テストでも、試作品が競合品や自社既存品に対し有意に評価されたかといった推計を行う必要がある。こうした判断を下す方法が推測統計である。推測統計は、統計的推定と統計的仮説検定に大別される。統計的推定は、標本から得られた統計量から、母集団での統計量を確率論的に推定することをいう（本書Ⅲ-2-〔11〕「標本誤差」を参照）。一方統計的仮説検定は、ある条件間で得られた統計量（平均値や比率、相関係数など）に差がある場合、その差が偶然生じたものなのか、何らかの性質を反映したものなのかを、母集団における一般的傾向として条件間に差があるか否かを確率論的に判断することをいう（森敏昭、吉田寿夫、1990）。

統計的仮説検定の一般的手順は、以下の通りである。
　・帰無仮説と対立仮説の設定

・有意水準の設定
・データ収集
・検定統計量の算出
・確率的判断

という手順で判断が行われる。

　統計的仮説検定は、背理法（帰謬法）的な考え方によっている。例えば、自社品と競合品の比較テストを行ったとする。開発者はテスト品間に差があると仮定しているとする。この時、まず「テスト品間には差がない」と仮定する。この仮定を帰無仮説という。一方「テスト品間には差がある」という事前に想定していた仮定を対立仮説という。このとき、差がないという帰無仮説の下では、得られたテスト品間の統計量の差（例えば平均値の差など）は希にしか起こらない程の大きな差である（帰無仮説の下では、得られた平均値の差は低い確率でしか出現しない）という場合、帰無仮説は正しくなかったということで、帰無仮説を棄却し対立仮説を採択する。逆に、得られた統計量の差は、帰無仮説の下でしばしば起こりうる程度の差（帰無仮説の下で、得られた平均値の差は高い確率で出現する）である場合は、帰無仮説を棄却することができないと判断し、帰無仮説を採択することになる。

　まず、統計的仮説検定で使用される用語について解説しておく。

【2】 帰無仮説と対立仮説

　棄却されることが期待される「差がない」という仮説を帰無仮説（H_0と略記される）、一方採択されることが期待される「差がある」という仮説を対立仮説（H_1と略記される）という。

【3】 有意水準

　ある確率的基準（これを有意水準という）の下で、帰無仮説を棄却することができるならば、対立仮説を採択し、「差がある」と判断する。

この確率的基準を有意水準という。一般的には1％ないし5％が採用されている。これは理論的な背景があるわけではない。このため、製品テストでは社内ノルムを設定している会社もある。

【4】 第一種の過誤と第二種の過誤

確率的基準をもとに仮説の棄却ないし採択を判断するため、当然ながら判断に過誤が生じる可能性がある。第一に、帰無仮説が真にも関わらずこれを棄却してしまうことがある。これを第一種の過誤という。第二に、帰無仮説が偽にもかかわらずこれを採択してしまうことがある。これを第二種の過誤という。こうした意味からすると、有意水準というのは第一種の過誤をおかす確率ということになる。有意水準を高くすると第一種の過誤は小さくなるが第二種の過誤の確率が高くなる。逆に、有意水準を低くすると、第二種の過誤の確率が高くなる。

【5】 パネル対応のあり、なし

パネル対応とは、検定対象となる統計量が同じパネルから得られたものであるか、異なるパネルから得られたものであるかということである。例えば、テスト品MとNの平均値の差の検定を行うとしたとき、テスト品MとNの評価に同じパネルが参加しているのであれば、パネル対応があるということになる。パネル対応のあり、なしで検定統計量を求めるときの式が異なるので注意を要する。

【6】 両側検定、片側検定

帰無仮説と対立仮説設定時（つまりデータ収集前）に、客観的に優劣が定まっているか否かということになる。例えば、自社品と競合品の優劣、既存品と改良品の優劣といった評価は、テストを行う前に優劣は未定である。このような場合両側検定を行う。一方、1％の砂糖溶液と3％

の砂糖溶液ではどちらが甘いかを識別できるかという問題では、テストを行う前に客観的に3％砂糖溶液が甘いことが分かっている。このような場合片側検定を行う。

マーケティング・リサーチでは、テストを実施する前に優劣が客観的に分かっていることは希であろう。したがって、両側検定が一般的である。片側検定は、例えば甘味に対し識別力の高いパネルを探すなどといったときに用いられることが多い。

【7】 自由度

平均値には、平均偏差の総和を0にするという性質がある。例えば「1，2，3」というデータがあるとき平均は2である。この場合、1，2という最初の2つの値が決まると3つ目の値は自動的に3となる。あるいは、最初の2つのデータが2，4とすれば3つ目の値は自動的に－2となる。このように、自由にその値をとることができるのは（パネル数－1）となる。

χ^2検定のうち一様性の検定では、例えば100人にテスト品M、Nのどちらが好きかを聞いたとき、Mを60人、Nを40人が好きだと回答したとする。このとき、合計は100人と決まっている。このため、いずれか一方のカテゴリーの人数が決まると、もう一方のカテゴリーの人数は自動的に決まってしまう。これは、カテゴリー数が3以上の場合でも同様であり、自由にサンプル数をとることができるカテゴリーの数は（カテゴリーの数－1）となる。独立性の検定では、例えば男性40人、女性60人合計100人にテスト品M、Nのどちらが好きかを聞き、その結果を男女

●表Ⅵ-1　2×2のクロス表の自由度

	テスト品M	テスト品N	計
男性	10	30	40
女性	50	10	60
計	60	40	100

別に集計した結果、表Ⅵ-1のようになったとする（表Ⅵ-1のようなクロス表は、表頭、表側共に2カテゴリーあるので2×2のクロス表という）。

この場合、サンプル数〔男性（40人）、女性（60人）〕、テスト品を好きと回答した人数〔M（60人）、N（40人）〕は決まっている（こうした、合計の人数を周辺度数という）。このため、4つのセル（クロス表のうち、10、30、50、10という数値が入っているマスのこと）のうち、いずれかひとつのセルの人数が決まると、残りの3つのセルの人数は自動的に決まってしまう。これは、2×2以上のクロス表の場合でも同様であり、自由にサンプル数をとることができるセルの数は（表頭のカテゴリーの数－1）×（表側のカテゴリーの数－1）となる。

5 検定方法

検定方法は、測定方法と測定尺度により用いられる方法が制約されている。以下、マーケティング・リサーチや製品テストなどで用いられる代表的な測定方法とその検定方法について解説する。第Ⅴ章で解説した測定方法（本書Ⅴ-2-〔10〕「評価方法」を参照）のうち、本節では、選択法（二項分類型、多項分類型）、評定法、得点法、一対比較法の以下の検定方法について解説する。

　　選択法　　　：χ^2検定（一様性の検定）、（コクランの Q 検定）
　　　　　　　　（独立性の検定）、（マックネマー検定）
　　評定法・得点法：t 検定（サンプル対応あり、なし）、
　　　　　　　　一要因の分散分析（サンプル対応あり、なし）
　　一対比較法　　：シェッフェの一対比較検定（原法）

順位法には、マン・ホイットニー検定、クラスカル・ウォリス検定、サイン・ランク・テスト、フリードマン検定が適用される（肥田野直、瀬谷正敏、大川信明、1961；岩原信九朗、1983；佐藤信、1985；森、吉田、1990）。これらの検定法は本書では解説していないため、参考文献を参照されたい。仮に順位法で測定した場合、1位にあげられたテスト

品とそれ以外のテスト品というように集計をすれば、選択法の検定手法が適用できる。あるいは、層別に順位がどの程度が一致しているかを分析するのであれば、順位相関係数を計算することで分析が可能である(本書VI-3-〔3〕「順位相関係数」を参照)。

マーケティング・リサーチデータに適用される統計解析について、多変量解析法の適用書は数多く出版されている。一方、評価技法で適用されることが多い、統計的仮説検定については、官能検査法や心理学関連の書籍は多く見かけるが、評価技法との関連から解説された書籍をあまり見かけない。そこで、本書では評価技法に適用される統計的仮説検定という視点を中心に解説した。

【1】 選択法

テスト品を2品以上提示し、嗜好に合うテスト品を指摘してもらう方法でデータを収集した場合、測定尺度は、名義尺度である。あるいは、複数の回答選択肢を与えその中から、商品の購入理由を聞くといった質問でも同様である。

この場合、テスト品の嗜好(評価)に差があるか、あるいは購入理由に特徴がみられるか(例えば、価格が購入理由として他の購入理由に比し有意かなど)、を検討することになる。こうした課題に対しマーケティング・リサーチでは、χ^2検定による近似法を用いることが多い。そこで本項ではχ^2検定による方法を解説する。

χ^2検定の原理は、確率論的期待値と観測値がどの程度ズレているかにより検定をおこなう方法である。確率論的期待値については、それぞれの検定の解説で説明する。確率論的期待値と観測値のズレは次のように定義できる。

$$\chi^2 = \sum_{i=1}^{k} \frac{(期待値 - 観測値)^2}{期待値} \quad \cdots\cdots\cdots 6.5$$

定義式からもわかる通り、期待値と観測値のズレが大きいほど計算さ

れたχ^2の値は大きくなり、期待値と観測値が一致している場合に0となる。

カテゴリー数が2（テスト品が2品）あるいは、後述の2×2クロス表の場合には6.6式のイェーツの連続修正を行う必要がある。

$$\chi^2 = \sum_{i=1}^{k} \frac{(|\text{期待値} - \text{観測値}| - 0.5)^2}{\text{期待値}} \quad \cdots\cdots\cdots 6.6$$

以下で解説するχ^2検定はすべて、6.5式ないし6.6式で計算できる。そのため、両式で計算できない場合に限り計算式を掲載した。また、期待値を計算してのχ^2値の計算は、セルの数が増えると煩雑である。そこで、期待値を計算せず観測値だけからχ^2値を計算する方法もある（島崎、2008）。

χ^2分布は、(標準正規分布)^2＝χ^2分布であり、独立なn個の標準正規分布（データを標準化（データの平均や標準偏差が特定の値になるように変換すること。標準得点は、$z_i = (x_i - x)/SD$で計算される。偏差値は、平均が50、分散が10になるように調整したものであり、$z_i = (x_i - x)/SD \times 10 + 50$で計算される。）したとき、確率変数Zは，平均0，分散1の正規分布に従い、N（0，1）と表され、これを標準正規分布と呼ぶ。）の2乗の和($Z_1^2 + Z_2^2 + \cdots\cdots + Z_n^2$)は、自由度nの$\chi^2$分布である。

χ^2分布での自由度1、有意水準5％での臨界値は3.8414である。この値と標準正規分布の95％点との間には次のような関係がある。

$$\chi^2 : (1, 0.05) = 3.8414$$
$$\sqrt{3.8414} \fallingdotseq 1.96$$

このことから、臨界値を3.8414とした場合、両側検定であることがわかる。片側検定の場合次の式から、臨界値が2.7055であることがわかる。

$$\chi^2 : (1, 0.10) = 2.7055$$
$$\sqrt{2.7055} \fallingdotseq 1.65$$

χ^2検定では、期待度数が5を下回るセルがある場合、直接法（フィッシャーの正確確率検定）により正確な確率を求める必要がある（佐藤、1985；島崎、2008）。

① χ^2検定（一様性の検定）
　一様性の検定は、各テスト品への評価は一様である（いずれのテスト品間にも差がない）、という帰無仮説のもとで検定を行う（対立仮説は、各テスト品への評価は一様ではない；いずれかのテスト品間に差がある）。一様であるということは、例えばn=200のパネルに対し、テスト品M、N、O、Pのうちもっとも好きなテスト品を1品指摘してもらったとする（単一選択式：SAでの測定）。このとき、評価が一様である、つまり帰無仮説が正しいとするならば、各テスト品を選択する人数が50人ずつであることが期待される（こうした分布を一様分布という）。一様性の検定での期待値は、パネル数／nで計算される。このとき、確率的期待値が5を下回るテスト品がある場合、直接法により正確な確率を求める必要がある（佐藤、1985：島崎、2008）。
　χ^2検定（一様性の検定）の基本的な手続きは以下の通り。
・帰無仮説　H_0：各テスト品への評価は一様である。（いずれのテスト品間にも差がない）
　対立仮説　H_1：各テスト品への評価は一様ではない。（いずれかのテスト品間に差がある）
・有意水準 α を決める
・観測値から χ^2 値を計算する
・自由度（$df=k-1$、k は条件数：テスト品数）に対応した χ_α^2 の値を χ^2 分布表から調べる。χ^2 分布表を参照した際、計算された自由度に対応した χ^2 値が記載されていないことがある。このような場合、補間法により χ^2 の値を計算するか、簡便的に安全側の小さい方の自由度に対応した χ^2 の値とする。
・観測値から計算された χ^2 の値と χ_α^2 の値を比較し、$\chi^2 > \chi_\alpha^2$ ならば帰無仮説を棄却し対立仮説を採択する。$\chi^2 \leq \chi_\alpha^2$ ならば帰無仮説を

棄却することができない。

　テスト品数が3以上の場合、帰無仮説が棄却された場合、各テスト品への評価は一様ではない、ということになる。しかし、どのテスト品間に有意差があるかは多重比較(ライアン法)によらなければならない(島崎、2008)。ただ、すべてのテスト品間の差を検定する必要がない場合もある。例えば、テスト品M、N、O、PのうちMが自社品、他は他社品だとする。この場合、自社品と他社品に対する評価を検定したいと考えるであろう。こうしたときは、

　　H_0：自社品と他社品の評価は一様である（差がない）

　　H_1：自社品と他社品の評価は一様ではない（差がある）

という仮説下で検定を行うことができる。この場合の期待値は、自社品(50)、他社品(200×3/4＝150)、自由度は1である。こうしたテスト品（カテゴリー）の併合による検定は、客観的に併合ができる場合に限られる。

② χ^2検定（コクランのQ検定）

　一様性の検定は、単一選択式(SA)で測定されている場合に適用される検定法であった。実際のテストでは、好きなテスト品を複数選択式(MA)により測定し、その上でもっとも好きなテスト品を1品指摘してもらうことが多い。その際、複数選択式で測定されたテスト品の評価

●表Ⅵ-2　コクランのQ検定（仮想データ）

		テスト品			計(R_i)	R_i^2
		M	N	O		
パネル	n_1	1	1	0	2	4
	n_2	1	0	0	1	1
	n_3	0	1	0	1	1
	n_4	0	0	1	1	1
	n_5	1	1	0	2	4
	計(C_i)	3	3	1	7	11

を検定する方法がコクランのQ検定である（森、吉田、1990）。

例えば、説明のため簡単にn＝5のパネルに対し、テスト品M、N、Oのうち好きなテスト品を指摘してもらったとする。

検定は以下の仮説下で検定を行う。

　　H_0：いずれのテスト品間にも差がない

　　H_1：いずれかのテスト品間に差がある

検定は6.7式でQを求める。

$$Q = \frac{(k-1)\left\{k\sum_{j}^{k}C_j^2 - \left(\sum_{j}^{k}C_j\right)^2\right\}}{k\sum_{j}^{k}C_j - \sum_{i}^{n}R_i^2} \quad \cdots\cdots 6.7$$

χ^2検定（コクランのQ検定）の基本的な手続きは以下の通り。

・帰無仮説　H_0：いずれの対間（テスト品間）にも差がない
　対立仮説　H_1：いずれの対間（テスト品間）に差がある
・有意水準αを決める
・観測値からχ^2値を計算する
・自由度（$df=k-1$、kは条件数：テスト品数）に対応したχ_α^2の値をχ^2分布表から調べる。χ^2分布表を参照した際、計算された自由度に対応したχ^2値が記載されていないことがある。このような場合、補間法によりχ^2の値を計算するか、簡便的に安全側の小さい方の自由度に対応したχ^2の値とする。
・観測値から計算されたχ^2の値とχ_α^2の値を比較し、$\chi^2 > \chi_\alpha^2$ならば帰無仮説を棄却し対立仮説を採択する。$\chi^2 \leq \chi_\alpha^2$ならば帰無仮説を棄却することができない。

テスト品数が3以上の場合、帰無仮説が棄却された場合、いずれかのテスト品間に差があるということになる。しかし、どのテスト品間に有意差があるかは多重比較（ライアン法）によらなければならない（島崎、2008）。

③ χ^2検定（独立性の検定）

例えば、単一選択式（SA）で測定された評価を性別や年代別に分析することがある。こうしたとき適用される検定法が独立性の検定である。独立性の検定は、パネル対応のない場合に適用される。例えば男女別にテスト品評価に違いがみられるかを分析したとする。独立性の検定はクロス表の検定を行うものであり、以下の仮説下で検定を行う。

H_0：各セルの度数の比は等しい（表側と表頭の項目はお互いに独立である）

H_1：各セルの度数の比は等しくない（表側と表頭の項目はお互いに独立ではない）

クロス表における独立とは、表側にあるアイテム（カテゴリー）と表頭のアイテム（カテゴリー）とが無関連である状態をいう。関連があるという状態は、2×2のクロス表では、完全に関連している状態は、一方の対角要素が0になる状態をいう。

クロス表における期待度数は、帰無仮説（関連がない）のもとでのセルの度数である。

●表Ⅵ-3　2×2クロス表における期待度数

	テスト品M	テスト品N	計
男性	24	(16)	40
女性	(36)	(24)	60
計	60	40	100

期待値の考え方を、表Ⅵ-3を例に解説する。仮に、テスト品Mと書いたカードを60枚、テスト品Nと書いたカードを40枚用意し箱に入れる。その箱から1枚のカードを引いたとする。そのとき、テスト品Mのカードが引かれる、期待される確率は0.6である。同様にテスト品Nが引かれる期待確率は0.4である。一方性別についても同様なことを行えば、男性のカードが引かれる期待確率は0.4であり、女性が引かれる期待確率は0.6である。テスト品のカードと性別のカードをそれぞれの箱から

同時に引いたとする。このとき、テスト品と性別は独立事象であるから、テスト品Mと男性を同時に引く期待確率は0.6×0.4＝0.24である。総標本数を試行回数（表Ⅵ-3の場合100回である）とするならば、テスト品Mと男性のカードを同時に引く、期待される回数は24回となる。これが期待度数となる。

　実際の計算は、例えばテスト品Mかつ男性のセルの期待度数は、期待度数＝テスト品Mの周辺度数（60）×男性の周辺度数（40）／総パネル数（100）＝24と計算する。本書Ⅵ-4-〔7〕「自由度」でも説明したように、2×2クロス表では、このセルの度数が決まれば、他のセルの度数は一意的に決まる。検定は、観測度数がこの期待度数からどの程度ずれているかにより検定を行う。このとき、期待度数が5を下回るセルがある場合、直接法により正確な確率を求める必要がある（佐藤、1985：島崎、2008）。

独立性の検定の手順

- ・帰無仮説　H_0：各セルの度数の比は等しい（表側と表頭の項目はお互いに独立である）
- ・対立仮説　H_1：各セルの度数の比は等しくない（表側と表頭の項目はお互いに独立ではない）
- ・自由度 $df=(k-1)(l-1)$ に対応した χ_α^2 の値を調べる。χ^2 分布表を参照した際、計算された自由度に対応した χ^2 値が記載されていないことがある。このような場合、補間法により χ^2 の値を計算するか、簡便的に安全側の小さい方の自由度に対応した χ^2 の値とする。
- ・実際の観測値から χ^2 値を計算する
- ・観測値から計算された χ^2 の値と χ_α^2 の値を比較し、$\chi^2 > \chi_\alpha^2$ ならば帰無仮説を棄却し対立仮説を採択する。$\chi^2 \leq \chi_\alpha^2$ ならば帰無仮説を棄却することができない。

　解説は2×2クロス表で行ったが、2×2以上のクロス表でも考え方は同様である。表側のカテゴリー数が3以上の場合、帰無仮説が棄却された場合、いずれかのカテゴリー間に差があるということになる。しか

し、どのカテゴリー間に有意差があるかは、独立性の検定をライアン法による多重比較により行う必要がある（島崎、2008）。

④ χ^2検定（マックネマー検定）

2×2分割表で対応がある場合は、マックネマー検定を適用する必要がある。例えば、本書第V章の表V-1で整理した実験のうち、事前調査・事後調査実験では、事前調査→刺激提示→事後調査という手順により測定することで、刺激提示物の効果を測定しようとする。こうした場合、事前調査の結果と事後調査の結果に対し検定を行うことになる。このとき、事前調査、事後調査は同じパネルに対し調査が行われることから、パネル対応があるということになる。こうしたとき用いられる検定法がマックネマー検定である（佐藤、1985；島崎、2008）。

●表VI-4　マックネマー検定の例

	事後調査反対	事後調査賛成	計
事前調査の賛成	賛成から反対(n_A)	事前事後とも賛成	事前調査賛成
事前調査の反対	事前事後とも反対	反対から賛成(n_D)	事前調査反対
計	事後調査反対	事後調査賛成	

例えば、事前調査で何らかの賛否を測定、次いで刺激を提示、その後事後調査で再度賛否を測定したとする。このときの刺激の効果を検討するような場合に用いられ、6.8式により定義される。

$$\chi^2 = \frac{(n_A - n_D)^2}{n_A + n_D} \qquad \cdots\cdots\cdots\cdots 6.8$$

この検定でも、6.9式によるイェーツの連続修正を行う必要がある。

$$\chi^2 = \frac{(|n_A - n_D| - 1)^2}{n_A + n_D} \qquad \cdots\cdots\cdots\cdots 6.9$$

マックネマー検定での帰無仮説は、刺激は効果がなかったであり、態度が変化した人の半分が賛成で、残りの半分が反対という状態と考えられる。マックネマー検定の問題点は、AとDという意見が変化した人の

度数だけしか考慮されていない点にある。全体の中で、意見が変化した人が少なければ、変化自体の効果はないといえる。

【2】 評定法・得点法（数量型自由回答）

テスト品を2品提示し評定法あるいは得点法により評価を得て、その平均値に差があるかを分析することがある。あるいは、月間の支出金額を数量型自由回答で測定し、男女別の平均支出金額に差があるかを分析することがある。こうしたときに適用されるのが平均値の差の検定である。ここで分析したいのは、あくまでも2つの平均値の差である。3つ以上の平均値の差の分析では、次節で解説する分散分析を適用する必要がある。2つの平均値の差の検定では、パネル対応のあり、なしにより検定の手順などが異なる。パネル対応なしの場合、まず等分散検定を行い、等分散の場合と等分散ではない場合適用する計算式が異なる。

平均値の差の検定は、検定統計量として t 統計量を使うことから、t 検定と呼ばれている（以下 t 検定）（岩原、1983；森、吉田、1990）。

① パネル対応のない t 検定（2つの平均値の差の検定）

パネル対応のない t 検定では、母分散の代わりにパネルからの不偏分散が利用される。不偏分散は2組のパネルそれぞれから計算される。通常それらは同一ではない。そこで、2組の分散が大きく異ならなければ、それらの平均を共通の不偏分散（偏差の2乗和を n−1 で除す）とできる。そのために、等分散検定が必要となる。

等分散検定では、必ず大きい不偏分散で小さい不偏分散を割ることに注意する必要がある。帰無仮説と対立仮説は次の通り、

$H_0 : \sigma_1^2 = \sigma_2^2$ 、 $H_1 : \sigma_1^2 \neq \sigma_2^2$

等分散検定は、6.10式により定義される。

$$F = \frac{n_1 s_1^2 (n_2 - 1)}{n_2 s_2^2 (n_1 - 1)} \qquad \cdots\cdots 6.10$$

2群の標本数が同じ場合は、6.11式により計算できる。

$$F = \frac{s_1^2}{s_2^2} \qquad \cdots\cdots 6.11$$

計算されたF値を、自由度$(n_1-1)(n_2-1)$のF分布の臨界値と比べることにより検定を行う。等分散検定では、帰無仮説と対立仮説をみてもわかる通り、帰無仮説$(H_0: \sigma_1^2 = \sigma_2^2)$は等分散である。一方対立仮説$(H_1: \sigma_1^2 \neq \sigma_2^2)$は等分散ではないということになる。つまり、等分散検定では、帰無仮説が採択された場合、等分散であるということになる（帰無仮説が棄却された場合、等分散ではないということになるので注意を要する）。F分布表を参照した際、計算された自由度に対応したF値が記載されていないことがある。このような場合、補間法によりFの値を計算するか、簡便的に安全側の小さい方の自由度に対応したFの値とする。

t検定を行う場合2組の不偏分散は等分散でなくてはならない。そこで、等分散検定では、帰無仮説が採択されたときF検定を行う。一方帰無仮説が棄却された場合、つまり等分散ではないときは、Welch test、Cochran-Cox testなどの近似法による検定を行うことになる。t検定では、等分散を前提とするという条件から、有意確率を5％より大きな確率に設定した方がよいという考え方がある（つまり帰無仮説を棄却しやすくする）。

② パネル対応がないt検定（等分散な場合）

分散が事前に計算されている場合は、6.12式によりt値を計算する。

$$t = \frac{\overline{X}_1 - \overline{X}_2}{\sqrt{\frac{n_1 s_1^2 + n_2 s_2^2}{n_1 + n_2 - 2}\left(\frac{1}{n_1} + \frac{1}{n_2}\right)}} \qquad \cdots\cdots 6.12$$

2群の標本数が同じ場合は、6.13式によりt値を計算することができる。

$$t = \frac{\overline{X}_1 - \overline{X}_2}{\sqrt{\dfrac{s_1^2 + s_2^2}{n-1}}} \qquad \cdots\cdots 6.13$$

計算された t 値を、自由度（n−1）の t 分布の臨界値と比べることにより検定を行う。t 分布表を参照した際、計算された自由度に対応した t 値が記載されていないことがある。このような場合、補間法により t の値を計算するか、簡便的に安全側の小さい方の自由度に対応した t の値とする。

③　パネル対応がない t 検定（等分散ではない場合）

等分散検定の結果、帰無仮説が棄却された場合、近似法により検定を行う必要がある。ここでは、Welch test（ウェルチ法）を解説する。

$$t' = \frac{\overline{X}_1 - \overline{X}_2}{\sqrt{\dfrac{n_1 s_1^2}{n_1 - 1}} + \dfrac{n_2 s_2^2}{n_2 - 1}} \qquad \cdots\cdots 6.14$$

6.14式で得られた t' は近似的に、6.15式で得られる自由度 ν の t 分布をする。

$$\nu = \frac{(n_1 - 1)(n_2 - 1)}{(n_2 - 1)c^2 + (n_1 - 1)(1 - c)^2} \qquad \cdots\cdots 6.15$$

6.15式で使われている c は6.16式により計算される。

$$c = \frac{\dfrac{n_1 s_1^2}{n_1 - 1}}{\dfrac{n_1 s_1^2}{n_1 - 1} + \dfrac{n_2 s_2^2}{n_2 - 1}} \qquad \cdots\cdots 6.16$$

ν は整数にならない。このため、それより小さい整数値にして t 分布表から、自由度 ν に対応した臨界値をみる。t'（絶対値）が自由度 ν の臨界値より大きければ有意差があると判断する。

t 検定の手順(パネル対応なし、両側検定の場合)
・帰無仮説　H_0：$\mu_1 = \mu_2$
　対立仮説　H_1：$\mu_1 \neq \mu_2$
・有意水準 α の設定
・等分散検定の実施
　等分散の場合：t 検定を実施
　等分散ではない場合：近似方による検定を実施
・等分散の場合：t 値が臨界値以上なら帰無仮説を棄却し対立仮説を採択する。臨界値以下なら帰無仮説を棄却することができない。
　等分散ではない場合：自由度 ν に対応した t 分布表の臨界値と t'(絶対値)を比較し、t' 値が自由度 ν の臨界値以上ならば帰無仮説を棄却し対立仮説を採択する。臨界値以下なら帰無仮説を棄却することができない。

④　パネル対応がある t 検定(パネル対応がある t 検定では、等分散検定は必要ない)

パネル対応がある t 検定では、t 値の計算に当たって、相関係数を利用した計算方法と観測値より計算する方法の2種類がある。

6.17式は、相関係数を利用した計算方法である。

$$t = \frac{\overline{X}_1 - \overline{X}_2}{\sqrt{\dfrac{s_1^2 + s_2^2 - 2rs_1s_2}{n-1}}} \qquad \cdots\cdots\cdots 6.17$$

$r = 2$ 回のデータ間の相関係数

6.18式は、観測値より計算する方法である。

$$t = \frac{\overline{D}}{\sqrt{\dfrac{n\sum_{i}^{n} D_i^2 - \left(\sum_{i}^{n} D_i\right)^2}{n^2(n-1)}}} \qquad \cdots\cdots\cdots 6.18$$

$\overline{D} = \overline{X_1} - \overline{X_2}$
$D_i = X_1 - X_2$ (データの差)

　検定は共に、計算されたt値を、自由度（n－1）のt分布の臨界値と比べることにより行う。
　t検定の手順（パネル対応あり、両側検定の場合）
　・帰無仮説　$H_0 : \mu_1 = \mu_2$
　　対立仮説　$H_1 : \mu_1 \neq \mu_2$
　・有意水準αの設定
　・t値の計算（相関係数を利用した計算方法、観測値より計算する方法いずれかにより）
　・t値が臨界値以上なら帰無仮説を棄却し対立仮説を採択する。臨界値以下なら帰無仮説を棄却することができない。

　平均値の差の検定を適用した際注意を要するのは、実際には母集団に差があっても、標本の大きさが小さいために検定力が低くその差を見出せないことは標本誤差の範囲内でも十分に起こりうる点である。統計的仮説検定における有意水準のみから評価差について論じるのは問題がある。算出したt値が、あらかじめ設定した有意水準の臨界値以上であれば帰無仮説を棄却し、対立仮説を採択する。もし臨界値以下であれば帰無仮説を棄却できず、「有意差がない」という判断になる。ただし、あくまでも有意差がないだけであり、差がないというわけではない。また、有意水準の値は平均値の差の大きさを反映しているわけではない。母平均の差は変わらなくても、標本の大きさが大きくなれば「有意差がある」という結果になりやすいことに注意する必要がある。

⑤　分散分析法（ANOVA）
　分散分析がt検定と異なるのは、3つ以上の平均値の差を比較できる点にある。逆にいうと、3つ以上の平均値の差の検定を実施する場合は

分散分析を利用しなくてはならない。

　分散分析も2つの平均値の差の検定と同様、パネル対応のあり、なしにより適用される方法が異なる。また、比較すべき要因ごとのデータ数が異なる場合、データ数が等しい場合と一部計算が異なるため注意を要する。

　分散分析の帰無仮説と対立仮説は以下の通りである。
　　帰無仮説：いずれの対間（テスト品間）にも差がない
　　対立仮説：いずれかの対間（テスト品間）に差がある

　まず、分散分析の原理を解説しておく。分散分析では、測定値全体の分散は、テスト品の効果による分散と誤差による分散とが複合したものであり、テスト品の効果による分散の方が誤差による分散よりも大きければ、テスト品の効果に差があることを意味する、という考え方にたっている。分散分析も、t検定と同様にパネル対応のありなしにより異なる。分散分析を視覚的に表現してみる（森、吉田、1990）。

　以下、表Ⅵ-5を使って解説する。全体変動は、個々のデータの総平

●表Ⅵ-5　テストデータ（ダミー）

	M	N	O	個人の平均
n_1	7	5	3	5.000
n_2	6	4	3	4.333
n_3	6	4	3	4.333
n_4	5	3	3	3.667
n_5	7	5	3	5.000
n_6	6	4	3	4.333
n_7	6	4	4	4.667
n_8	6	4	2	4.000
n_9	5	3	3	3.667
n_{10}	6	4	3	4.333
平均値	6.0	4.0	3.0	
総平均		4.333		

均（4.333）からの偏差平方和である。この値を自由度で除した値は分散の不偏推定量である。テスト品差による変動は、テスト品ごとのデータの総平均からの偏差と考えることができる。つまりMは総平均より1.667点平均を高くする力があり、Nは0.333点、Oは1.333点平均を低くする力がある。偏差平方和は46.667、自由度（テスト品数ー1）2で除した分散の不偏推定量は23.333である。誤差による変動は、テスト品ごとのデータと平均との差である。これは、テスト品ごとにさまざまなデータをとっているのは、個人差や実験誤差によると考えられる。個人差や実験誤差がなければ、すべて同じ値（例えばテスト品Mであれば、すべて6.0）をとるはずである。そこで、その差を誤差と考える。

テスト品間にパネル対応がないデザイン（表Ⅵ-6）では、データ全体の変動とテスト品、誤差の変動には以下のような関係がある。

全体変動の平方和＝テスト品変動の平方和＋誤差変動の平方和

分散分析では、テスト品変動の不偏分散を誤差変動の不偏分散で除すことによるF検定を行っている。つまり、分散分析におけるF比の分子と分母の平均平方の期待値には以下のような関係がある。

$$F = \frac{テスト品効果＋誤差効果}{誤差効果}$$

不偏分散の期待値において、分子は分母よりテスト品効果の項を多く含んでいる。帰無仮説のもとでは、その項は0と仮定され、F比は分子、

●表Ⅵ-6　パネル対応のない分散分析の原理

	全体変動				テスト品差による変動				誤差による変動		
	M	N	O		M	N	O		M	N	O
n_1	2.667	0.667	-1.333		1.667	-0.333	-1.333		1.000	1.000	0.000
n_2	1.667	-0.333	-1.333		1.667	-0.333	-1.333		0.000	0.000	0.000
n_3	1.667	-0.333	-1.333	＝	1.667	-0.333	-1.333	＋	0.000	0.000	0.000
n_4	0.667	-1.333	-1.333		1.667	-0.333	-1.333		-1.000	-1.000	0.000
n_5	2.667	0.667	-1.333		1.667	-0.333	-1.333		1.000	1.000	0.000
n_6	1.667	-0.333	-1.333		1.667	-0.333	-1.333		0.000	0.000	0.000
n_7	1.667	-0.333	-0.333		1.667	-0.333	-1.333		0.000	0.000	1.000
n_8	1.667	-0.333	-2.333		1.667	-0.333	-1.333		0.000	0.000	-1.000
n_9	0.667	-1.333	-1.333		1.667	-0.333	-1.333		-1.000	-1.000	0.000
n_{10}	1.667	-0.333	-1.333		1.667	-0.333	-1.333		0.000	0.000	0.000
偏差平方和	56.667				46.667				10.000		
自由度(df)	29				2				27		
SS/df	1.954				23.333				0.370		

分母ともに誤差分散の不偏推定量となる。このことから分子のみに含まれるテスト品効果の存在の有無、つまりテスト品間の平均値の差を検定することができることになる。

●表Ⅵ-7　パネル対応のある分散分析の原理

	全体変動				テスト品差による変動				個人差による変動				誤差による変動		
	M	N	O		M	N	O		M	N	O		M	N	O
n₁	2.667	0.667	-1.333	=	1.667	-0.333	-1.333	+	0.667	0.667	0.667	+	0.333	0.333	-0.667
n₂	1.667	-0.333	-1.333		1.667	-0.333	-1.333		0.000	0.000	0.000		0.000	0.000	0.000
n₃	1.667	-0.333	-1.333		1.667	-0.333	-1.333		0.000	0.000	0.000		0.000	0.000	0.000
n₄	0.667	-1.333	-1.333		1.667	-0.333	-1.333		-0.667	-0.667	-0.667		-0.333	-0.333	0.667
n₅	2.667	0.667	-1.333		1.667	-0.333	-1.333		0.667	0.667	0.667		0.333	0.333	-0.667
n₆	1.667	-0.333	-1.333		1.667	-0.333	-1.333		0.000	0.000	0.000		0.000	0.000	0.000
n₇	1.667	-0.333	-0.333		1.667	-0.333	-1.333		0.333	0.333	0.333		-0.333	-0.333	0.667
n₈	1.667	-0.333	-2.333		1.667	-0.333	-1.333		-0.333	-0.333	-0.333		0.333	0.333	-0.667
n₉	0.667	-1.333	-1.333		1.667	-0.333	-1.333		-0.667	-0.667	-0.667		-0.333	-0.333	0.667
n₁₀	1.667	-0.333	-1.333		1.667	-0.333	-1.333		0.000	0.000	0.000		0.000	0.000	0.000
偏差平方和	56.667				46.667				6.000				4.000		
自由度(df)	29				2				9				12		
SS/df	1.954				23.333				0.6667				0.3333		

一方、テスト品間にパネル対応があるデザイン（表Ⅵ-7）では、データ全体の変動をテスト品による変動、個人差による変動、誤差による変動に分けることができる。個人差は、個人ごとのテスト品3品の平均からの変動である。対応がないデザインと異なり、誤差分散のなかから個人差による変動を取り出すことができる。このことから、誤差分散の値を小さくすることが可能となり、検定力を高めることができる。ただし分散分析の検定力については、次のような矛盾した関係がある。

・誤差分散が小さい方が検定力が高い（F検定における分母の不偏分散の期待値が小さい方が検定力が高い）
・誤差分散推定の自由度が大きい方が検定力が高い。

実際に表Ⅵ-5の分散分析の結果である、表Ⅵ-8と表Ⅵ-9をみるとわかる。

分散比Fはパネル対応のないデザインに比し、パネル対応のあるデザインで大きい。ところが、上側確率5％のFの臨界値は、パネル対応の

●表Ⅵ-8　分散分析表（パネル対応のないデザイン）

変動要因	平方和	自由度	不偏分散	分散比F	F境界値
テスト品差	46.667	2	23.333	63	3.354
誤差	10.000	27	0.370		
全体	56.667	29			

●表Ⅵ-9　分散分析表（パネル対応のあるデザイン）

変動要因	平方和	自由度	不偏分散	分散比F	F境界値
テスト品差	46.667	2	23.333	105	3.555
個人差	6.000	9	0.667	3	2.456
誤差	4.000	18	0.222		
全体	56.667	29			

ないデザインでは自由度が2と27で3.354、一方パネル対応のあるデザインでは自由度が2と18で3.555である。つまり、パネル対応のあるデザインとパネル対応のないデザインの比較をしてみると、以下のような関係にある。

　・誤差分散については、パネル対応のないデザインの方が大きい。
　・誤差分散推定の自由度はパネル対応のないデザインの方が大きい。

つまり、一概にパネル対応のないデザインよりパネル対応のあるデザインの方が有利であるとは結論づけられない。ただ、一般的にマーケティング・リサーチで実施されるテストはパネル数が多い。このため、パネル対応のあるデザインの方が検定力が高い。

⑥　多重比較

分散分析の帰無仮説と対立仮説は以下の通りである。
　帰無仮説：いずれの対間（テスト品間）にも差がない
　対立仮説：いずれかの対間（テスト品間）に差がある

重要なのは、対立仮説がいずれかの対間に差がある、であり、すべての対間に差があるわけではない。分散分析では、3つ以上の平均値の差を検定している。このため、分散分析の結果有意差がある場合、いずれの対間に差があるかを検定する必要がる。これを多重比較、あるいは下位検定という。

ただし分散分析では、3つ以上の平均値の組み合わせによる比較によって有意差を検定している。したがって、分散分析の結果が有意であるにもかかわらず、いずれのテスト品間も有意ではないということも起こりうる。

多重比較は、第一種の過誤をおかす確率をどのようにコントロールしているかにより、いくつかに分類される。第一種の過誤に対し厳格であり（このため検定力が低い）、計算手続きが簡単であることから、テューキーのHSD検定などが多用されている。テューキーのHSD検定は、スチューデント化された範囲を使用する範囲検定である（森、吉田、1990）。

HSD検定では、次の式から差の臨界値を求める。

$$\text{HSD} = q_{\alpha, p, df} \sqrt{\frac{\text{誤差の不偏分散}}{n}} \quad \cdots\cdots\cdots 6.19$$

$q_{\alpha, p, df}$はスチューデント化された範囲、αは有意確率、pは比較に用いる平均値の数、dfは誤差変動の不偏分散の自由度である。

表Ⅵ-8に示した、パネル対応のないデザインによる分散分析の結果を、有意水準1％と5％で多重比較してみる。スチューデント化された範囲$q_{0.05, 3, 27}$（自由度27に対応するqが載っていないため、安全側をとり$df=24$の値を使う；こうしたケースでは必ず安全側の小さい自由度の値を使用する）は3.53である。

$$\text{HSD} = 3.53\sqrt{\frac{0.37}{10}}$$
$$= 0.679$$

したがって、比較する2つの平均値の差の絶対値がHSD（0.679）以上であればそのテスト品間は5％水準で有意差があると判断される。ちなみに有意水準1％のときのHSDは0.873である。

平均値の差

	M (6.0)	N (4.0)	O (3.0)
M		2.0	3.0
N			1.0

この結果から、すべてのテスト品間に1％水準で有意差がある。

⑦　シェッフェの一対比較検定（シェッフェの原法）

シェッフェの一対比較検定は、$A_i \rightarrow A_j$の順で評価したk番目のパネル

のテスト品 A_i に対する評価点を x_{ijk} とすると、x_{ijk} を次のように分解する（吉田正昭、村田昭治、井関利明、1969；古川秀子、1994；天坂格朗、長沢伸也、2000）。

$$x_{ijk} = (\alpha_i - \alpha_j) + \gamma_{ij} + \delta_{ij} + e_{ijk} \quad \cdots\cdots 6.20$$

α_i：テスト品 A_i の平均的選好度
γ_{ij}：組み合わせ効果
δ_{ij}：順序効果
e_{ijk}：上記以外の誤差

それぞれを次のような条件下で推定する。

$$\Sigma\alpha_i = 0 \,、\Sigma\gamma_{ij} = 0 \,、\gamma_{ij} = -\gamma_{ji}\,、\delta_{ij} = \delta_{ji}$$

以下実例で解説する。

テスト品はM、N、Oの3種類、この場合順序効果、組合せ効果をコントロールするためすべての使用順序、組合せを考慮する必要がある。この場合は $_3C_2$ で、6通りの組合せとなる。

(イ) 各組合せの平均（μ_{ij}）を推定する。

$$\hat{\mu}_{ij} = \frac{1}{n}\sum_{k}^{n} x_{ijk} \quad \cdots\cdots 6.21$$

6.21式は、（Σ 評点×評点ごとの人数／n）ということである。

(ロ) 順序効果を除いた π_{ij} を推定する。（テスト品 M_i の M_j に対する評価）

$$\hat{\pi}_{ij} = \frac{1}{2}(\mu_{ij} - \mu_{ji}) \quad \cdots\cdots 6.22$$

$\gamma_{ij} = -\gamma_{ji}$ というが条件である。これは、評価は同じであるが、測定方

●表Ⅵ-10 シェッフェの一対比較検定（データはダミー）

組合せ	-2	-1	0	1	2	合計	$\hat{\mu}_{ij}$	$\hat{\pi}_{ij}$
M→N	0	0	2	6	2	10	1.0	0.7
N→M	0	6	2	2	0	-4	-0.4	
M→O	6	3	1	0	0	-15	-1.5	-1.2
O→M	0	2	1	3	4	9	0.9	
N→O	3	3	3	1	0	-8	-0.8	-0.95
O→N	0	1	2	2	5	11	1.1	
合計	9	15	11	14	11	3		

向が逆になっているという考えである。このため、μ_{ij}とμ_{ji}の平均はμ_{ij}の符号を逆転したものにμ_{ji}を加え1／2とすればよいことになる。平均したということは、順序効果を除いたM_iのM_jに対する評価ということになる。

π_{ij}は、$\pi_{ij}=(\alpha_i-\alpha_j)+\gamma_{ij}$とおくと順序効果を除いた$A_i$を基準にした$A_j$の嗜好度となり、$\pi_{ji}=(\alpha_j-\alpha_i)-\gamma_{ji}$であるから、$\pi_{ij}=-\pi_{ji}$になる。

(ハ) 順序効果を推定する。

$$\hat{\delta}_{ij}=\frac{1}{2}(\mu_{ij}+\mu_{ji}) \quad \cdots\cdots 6.23$$

(ロ)とは逆に、μ_{ij}にμ_{ji}を加えている。これによりμ_{ij}とμ_{ji}の差ということになる。その差を平均したδ_{ij}は順序効果ということになる。

(ニ) 主効果(平均的嗜好度)を推定する。

$$\hat{\alpha}_i=\frac{1}{t}\sum_{j=1}^{t}\hat{\pi}_{ij} \quad \cdots\cdots 6.24$$

tはテスト品数

組合せは2品であるが、$1/(t-1)$ではなく、$1/t$で除しているのはM_iとM_jの組合せでも同数の評価者が0と評価したと仮定してることによる。こうすることで、3品を同じ基準で比較することが可能となる。

(ホ) 組合せ効果を推定する。

$$\hat{\gamma}_{ij}=\hat{\pi}_{ij}-(\hat{\alpha}_i-\hat{\alpha}_j) \quad \cdots\cdots 6.25$$

π_{ij}は順序効果を除いた効果であり、$(\alpha_i-\alpha_j)$は主効果の理論的な差である。両者は一致しないことが多く、これは組合せ効果によるということになる。

表Ⅵ-10のデータを実際に分析してみる。(イ)各組合せの平均(μ_{ij})、(ロ)順序効果を除いたπ_{ij}は表Ⅵ-10に推定値を記入してある。(ハ)〜(ホ)の推定値は次の通り。

・順序効果の推定
　　$\hat{\delta}_{MN}=0.3$　　$\hat{\delta}_{MO}=0.3$　　$\hat{\delta}_{NO}=0.15$

・主効果の推定

$$\hat{\alpha}_M = \frac{1}{3}(\hat{\pi}_{MN} + \hat{\pi}_{MO}) = -0.167$$

$$\hat{\alpha}_N = \frac{1}{3}(\hat{\pi}_{NM} + \hat{\pi}_{NO}) = (-\hat{\pi}_{MN} + \hat{\pi}_{NO}) = -0.55$$

$$\hat{\alpha}_O = \frac{1}{3}(\hat{\pi}_{OM} + \hat{\pi}_{ON}) = (-\hat{\pi}_{OM} + (-\hat{\pi}_{NO})) = 0.717$$

・組合せ効果の推定

$\hat{\gamma}_{MN} = 0.317$ $\hat{\gamma}_{MO} = -0.316$ $\hat{\gamma}_{NO} = 0.317$

次に分散分析表を作成する。

● 表Ⅵ-11　分散分析表の計算

要因	平方和	自由度	不偏分散	F比
主効果 S_α	$S_\alpha = 2nt\sum_i \hat{\alpha}_i^2$	$f_\alpha = t-1$	$V_\alpha = S_\alpha/f_\alpha$	V_α/V_e
組合せ効果 S_γ	$S_\gamma = 2n\sum\sum \hat{\gamma}_{ij}^2$ $= S_\pi - S_\alpha$	$f_\gamma = (t-1)(t-2)/2$	$V_\gamma = S_\gamma/f_\gamma$	V_γ/V_e
順序効果 S_δ	$S_\delta = 2n\sum\sum \hat{\delta}_{ij}^2$ $= S_\mu - S_\pi$	$f_\delta = t(t-1)/2$	$V_\delta = S_\delta/f_\delta$	V_δ/V_e
誤差 S_e	$S_e = \sum\sum\sum(\chi_{ijk} - \mu_{ij})^2$ $= S_T - S_\mu$	$f_e = t(t-1)(n-1)$	$V_e = S_e/f_e$	
合計 S_T	$S_T = \sum\sum\sum \chi_{ijk}^2$	$f_T = t(t-1)n$		

A_i の A_j に対する嗜好度の平方和 S_μ と、順序効果を除いた A_i の A_j に対する嗜好度 S_π の平方和の計算は6.26、6.27式により計算する。

$$S_\mu = n\sum_i\sum_j \hat{\mu}_{ij}^2 \qquad \cdots\cdots\cdots 6.26$$

$$S_\pi = 2n\sum_i\sum_j \hat{\pi}_{ij}^2 \qquad \cdots\cdots\cdots 6.27$$

主効果の検定結果は、F比=28.47＞F（0.01；2,60）=4.977であり、1％水準で有意であり、テスト品間に評価差がある。

組合せ効果の検定結果は、F比=6.72＞F（0.01；1,60）=7.07、

第Ⅵ章／データ分析の方法

●表Ⅵ-12 分散分析表

要因	平方和	自由度	不偏分散	F比
主効果S_α	50.669	2	25.335	28.47
組合せ効果S_γ	5.981	1	5.981	6.72
順序効果S_δ	4.05	3	1.35	1.52
誤差S_e	48.3	54	0.89	
合計S_T	109	60		

$S_\mu = 60.7$　　$S_\pi = 56.65$

F比$=6.72>$F（0.05；1, 60）$=4.00$であり、5％水準で有意であり、組合せにより評価に差がある。

　順序効果の検定結果は、F比$=1.52<$F（0.05；3, 60）$=2.76$であり、順序効果については有意差はない。

　主効果に有意差があることから、どのテスト品間に差があるかを検定する。検定方法は、ヤードスティックYを求め、$|\alpha_i - \alpha_j| > Y$であれば、テスト品$A_i$と$A_j$の間には有意差があると判断する。ヤードスティックYは6.28式より求める（古川、1994；天坂、長沢、2000）。

$$Y = q\sqrt{\frac{V_e}{2nt}} \quad \cdots\cdots\cdots\cdots 6.28$$

qはスチューデント化された範囲のパーセント点であり、テスト品数3、自由度40（自由度54に対する値は記載されていないことが多い、この場合安全側をとって自由度40に対する3.44をもちいる）に対応する値は3.44である。

$$Y = 3.44 \times \sqrt{\frac{0.89}{(2 \times 10 \times 3)}} = 0.419$$

主効果差の判定

$|\alpha_M - \alpha_N| = |(-0.167) - (-0.55)| = 0.383 < 0.419$　有意差なし
$|\alpha_M - \alpha_O| = |(-0.167) - (0.717)| = 0.55 > 0.419$　有意差あり
$|\alpha_N - \alpha_O| = |(-0.55) - (0.717)| = 1.267 > 0.419$　有意差あり

●図Ⅵ-1　シェッフェの一対比較検定結果の図示（有意差があるテスト品間は線で結んである）

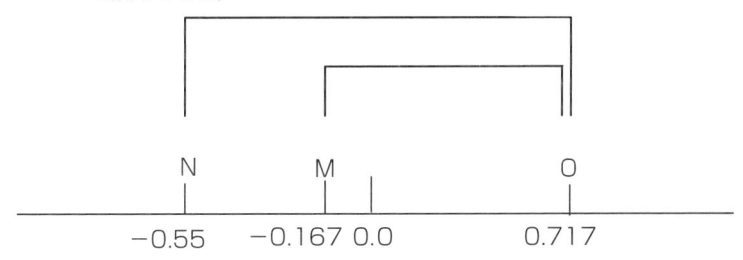

```
          N       M              O
          |       |              |
        -0.55  -0.167 0.0      0.717
```

　本節では、シェッフェの一対比較検定（原法）を解説した。本書第Ⅴ章の一対比較法（本書Ⅴ-2-〔10〕-④「一対比較法」を参照）で説明したように、シェッフェ法にはパネル対応のあり、なし、順序効果の考慮のあり、なしにより4種類の検定方法がある。他の検定方法は参考文献を参照されたい。

6 多変量解析法

【1】多変量解析法

　多変量解析は、多変量データの相互関連を分析する統計手法の総称である。多変量データとは、個々の調査対象者ごとに2変数以上のデータが同時に測定されており、標本×変数という形式をとるデータをいう。

　多変量解析は、多変量データの相互関連を分析する統計手法の総称である。多変量解析にはさまざまな手法があるため、分析目的に応じて手法を選択する必要がある。多変量解析の目的は、多変量データの簡潔な記述と、情報の圧縮、分類、変数間の影響の強さを明らかにすることに

大別することができる。また、形式から外的基準の有無、説明変数の尺度水準、変数の数により分類することができる。多変量解析は、分析目的と形式から以下のように分類できる。

●表Ⅵ-13　多変量解析の分類

	外的基準	説明変数（量的）	説明変数（質的）	
構造分析	なし	因子分析 主成分分析	数量化Ⅲ類	共分散構造分析 (SEM)
		多次元尺度構成法（MDS）		
予測・要因分析	量的	重回帰分析	数量化Ⅰ類	
	質的	判別分析	数量化Ⅱ類	
分類		クラスター分析(階層法、非階層法)		
		多段層別分析（木解析法）		

【2】データの相と元

マーケティング・リサーチ、特に製品テスト等で収集されるデータはテスト品、評価項目、パネルといった3つの要因が絡んだ上でデータが測定される。そのため、測定されるデータは3相3元データといわれる形式であることが多い。測定尺度は、データの値そのものに関わる問題であり、相と元は、データの構成や形式に関わる問題である。

　　相：1つの相は一組の対象を意味する
　　　　1つの相を持つデータは単相データ、2つの相を持つデータは
　　　　2相データ
　　元：相が何回組み合わされているかを意味する
　　　　相が2回組み合わされているデータは2元データ

3相3元データの分析に関しては、直接3相3元データを分析する方法があまり普及していないのが現状である。そのため、事前にデータ処理を行ってから分析することが多い。事前処理の方法としては、次のような方法がある。

● 図VI-2　データの相と元
＜2相2元データ＞　　　　　　　＜3相3元データ＞

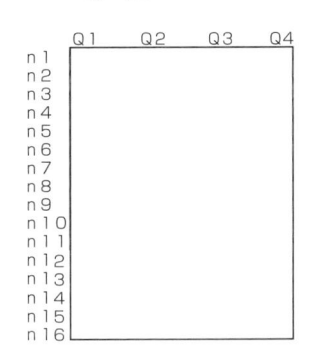

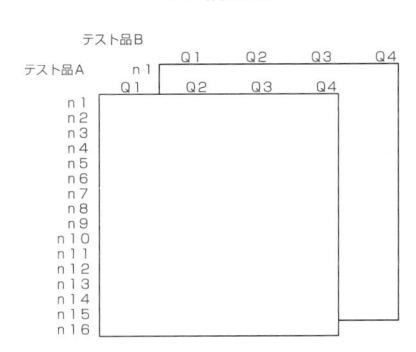

① 複数の2相2元データ（テスト品の数の2相2元データ）として分析する。
② パネルの平均をとり、テスト品×評価項目に変換して分析する（パネルを繰り返しとして扱う）。
③ （テスト品・対象者）×評価項目の2相2元データとし分析する（テスト品ごとに対象者が異なるとして扱う）。

どの方法を採用するかは、その時の分析の目的により異なる。

【3】構造分析

① 主成分分析

あるメーカーが顧客満足度調査を実施したとする。このとき、多くの実施サービスをできるだけ少数の主成分（局面といっていい）に縮約したい、サービス満足度という視点から顧客の特徴付けをしたいといったことがある。こうしたときに利用されるのが、主成分分析である。主成分分析は、間隔尺度以上で測定されたデータに適用できる構造分析の手法である。基本的な考え方は、多くの変数を少数の主成分に縮約することにある。

主成分分析では、主成分負荷量は各変数と主成分の関連の大きさを表している。プラス、マイナスの絶対値が大きい変数が、その主成分との

関連が強いことになり、そうした変数から主成分の意味を読みとる。主成分数の決め方は、経験的には累積寄与率が80%以上、相関行列を用いた場合、固有値が1以上の主成分といった基準が多く用いられている。実際には、マーケティング・リサーチで得られるデータは構造が複雑であることから、かなり多くの主成分を採用することになる。少数の主成分に要約するという主成分分析の目的を考えると、分析に利用した変数の数にもよるが、あまり多くの主成分を採用することには意味がないといえよう（田中豊、脇本和昌、1983）。

　主成分数は、経験的基準と分析目的（マーケティング課題）とを照合し、合理的な解釈が可能か否かから主成分数を決めるのが現実的である。あるいは、分析に利用する変数を減らしたり増やしたりしながら、試行錯誤的に決定するのもひとつの方法である。

　主成分分析は、顧客満足度調査のような評価を測定したデータに適用したとき、第1主成分の符号がすべてプラスあるいはマイナスで、主成分負荷量が大きいといった結果が得られることがある。これはパワーファクターと呼ばれている。このとき、主成分得点は評価の高い（あるいは低い）順に並ぶことになる。これを利用すると、例えば、多くのサービス項目を総合した満足度の高い顧客、あるいは販売店といった評価を特定することができる。

　② 因子分析

　主成分分析の場合と同様に、あるメーカーが顧客満足度調査を実施したとする。このとき、多くの実施サービスをできるだけ少数の因子（局面といっていい）に縮約したい、サービス満足度という視点から顧客の特徴付けをしたいといったことがある。こうしたときに利用されるのが、因子分析である。因子分析は、間隔尺度以上で測定されたデータに適用できる構造分析の手法である。基本的な考え方は、多くの変数の背後にある潜在因子の探索にある。

　因子分析は主成分分析と似ているが、考え方は全く逆の分析方法である。主成分分析は、変数をまとめ上げるという考え方である。他方、因

子分析は変数に共通する部分を抽出する分析方法である。因子分析では、以下の4点を分析者が決める必要がある。

(a) 因子数の決定
(b) 因子抽出方法の決定
(c) 回転方法の決定
(d) 因子の解釈

因子分析では、回転後の因子負荷量から、因子の意味を解釈する。因子負荷量は、因子と変数の関連の強さを表している。プラス、マイナスの絶対値が大きい変数が、その因子との関連が強いことになり、そうした変数から因子の意味を読みとる。因子負荷量は直交回転の場合1〜－1の値をとる（芝祐順、1979）。

現実には、仮説因子がある場合はその仮説にそった因子数、探索的に分析を行っているのであれば、何通りか因子数を定め、(a)から(d)までの分析を行い、結果が良好な因子数を採用するのが一般的方法である。また、因子の解釈には、各標本の因子得点の検討も有効である。

③ 数量化Ⅲ類（コレスポンデンス分析）

主成分分析、因子分析は間隔尺度以上、つまり量的データで測定されている場合に適用される。しかし、マーケティング・リサーチでは多項選択型（MA）つまり名義尺度で測定されることが多い。この場合主成分分析や因子分析を適用することはできない。こうしたときには、質的データに適用される分析方法を用いなければならない。なかで、よく用いられるのは数量化Ⅲ類である。数量化Ⅲ類は質的データの構造を探索する方法である。クロス集計表を分析する方法であるコレスポンデンス分析、双対尺度法といわれる手法も数量化Ⅲ類と同じ原理に基づいている。

数量化Ⅲ類で用いるデータには、2種類のデータタイプがある。ひとつは、アイテムカテゴリー・データ（単一選択型の質問から得られるデータ）である。もうひとつは、反応型データ（多項選択型の質問から得られるデータ）である。アイテムカテゴリー・データでは、反応があるカ

テゴリーに数値(通常はカテゴリーのコードを使う)を、反応型データでは、反応があるアイテムに1、反応がないアイテムには0を割り当てる(ダミー変数)。

　数量化Ⅲ類の基本原理は、行と列を同時に並べ替えることによりパターン分類するという考え方である(駒沢勉、橋口捷久、石橋龍二、1998)。反応が似ている標本は近くに、似ていない標本は遠くに、カテゴリーについても同様の考え方で布置される。数量化Ⅲ類の結果の読み取りで重要なのは、カテゴリー・スコア(各軸のスコアをカテゴリー・スコアという)から各軸の意味を解釈することよりも、空間内でカテゴリーがどのようにグループ化されているかを観察することである(土屋隆裕、1999)。そこで重要になるのが、何軸まで採用するかである。この点に関し客観的な基準はなく、軸の解釈の可能性により決められる。ただ、数量化Ⅲ類は、空間内でカテゴリーがどのようにグループ化されているかにより分析を行うため、あまり高次の軸まで採用しない方がよい。数量化Ⅲ類は、項目とサンプルの同時反応に基づき、反応の似たものは近くに似ていないものは遠くに布置する。そこで、サンプル側の散布図をみると、項目と概ね散布状況が似た散布図が得られている(両者を1枚の散布図に描くこともある：バイプロット)。カテゴリーと同様、空間内での散布状況からグループ化を行い分析するといったことがよく行われる。数量化Ⅲ類の固有値の平方根は相関係数であり、サンプルと項目の並び替えを行った際の相関の大きさを表している。

④　多次元尺度構成法(MDS)

　多次元尺度構成法は、対象を空間内の点として表現し、対象間の類似度(非類似度)を視覚的に空間表現する幾何学モデルである。空間表現したものを布置と呼び、対象を布置したとき対象間の類似度(非類似度)と対象間の点間距離が単調減少となるように布置を求める(岡太彬訓、今泉忠、1994)。

　類似度とは、その値が大きくなる程類似し、値が小さくなる程類似していない測度をいい、一方非類似度は、その値が大きくなる程類似せず、

値が小さくなる程類似している測度をいう。類似度の測度としては、相関係数や連関係数などがある。また、クロス集計表での度数や構成比は類似度を表している。いずれも、その値が大きくなるということは、関係が強い、同時に反応するということを表し、値が小さくなるということは、関係が弱い、同時に反応しないということを表している。非類似度としてよく用いられるのはユークリッド距離である。距離は、その値が大きくなるということは、離れている（遠い）。一方小さくなるということは離れていない（近い）ということを表している。

多次元尺度構成法は、対象間の類似度ないし非類似度が何らかの形で測定されている必要がある。類似度は、直接測定される場合と、何らかの類似度の指標を用いる場合がある。

【4】分　　類

① 階層的クラスター分析法

クラスター分析は、類似した対象（標本や変数）を同じクラスターにまとめ、類似していない対象は別のクラスターに属すようにクラスター分けする方法の総称である。クラスター分析は、階層的クラスター分析と非階層的クラスター分析に大別される。

階層的クラスター分析を行うには、対象間の類似度ないし非類似度が何らかの形で測定されている必要がある。類似度は、直接測定される場合と、何らかの類似度の指標を用いる場合がある。

階層的クラスター分析は、それ自身だけからなるクラスターから始め、もっとも類似したクラスターを順にまとめ、最終的にひとつのクラスターになるまで併合が続けられる。クラスター分析の計算には、さまざまな方法がある。よく利用される方法は、ウォード法、最遠隣法である。最近隣法は鎖効果が出やすい。最近隣法は、クラスター間の類似度をもっとも類似度が大きい値で定義し、最遠隣法は、もっとも類似度が小さい値で定義する方法である。ウォード法は、クラスターの級間変動を用いる方法である。クラスターを併合すればクラスター内の級間変動は増

える。この級間変動の増加が最小になるように、クラスターを併合していく方法である（岡太、今泉、1994）。

階層的クラスター分析の結果は、デンドログラムといわれる樹状図で表現する。クラスター数は、このデンドログラムを観察し分析者が決めることになる。

② 非階層的クラスター分析

非階層的クラスター分析は、多変量データの変数あるいは個体(標本)を分類する際に利用される。分類したい変数あるいは個体の数が少数であれば問題はないが、数百あるいは千を越えるような大規模データに対し、階層的クラスター分析を適用するのは現実的ではない。そうした場合、非階層的クラスター分析が利用される。とくに大規模データに適用することが多いということから、個体のクラスタリングに適用されることが多い。

非階層的クラスター分析の代表的方法に、K-means法がある。階層的クラスター分析は凝集法とも呼ばれ、類似度（非類似度）をもとに逐次的にクラスターを作成していく。一方、非階層的クラスター分析は、ひとつの対象を類似度（非類似度）をもとに、ひとつのクラスターに属すように分類する（非階層的クラスター分析では事前にクラスター数を決める必要がある）。

非階層的クラスター分析では、分析結果から妥当なクラスター数を判断する必要がある。例えば、個体のクラスタリングでは、クラスターの特性を記述するために、性別、年齢、職業、収入などといったデモグラフィック特性や、その他クラスター分析に使用しなかった変数の基本統計量やクロス集計表を観察することで、クラスターの記述を行う。この内容を解釈することで、最適なクラスター数を試行錯誤的に探索する(島崎、2008)。

③ 多段層別分析（木解析法、AID）

現象の分析で、最初に、かつ多用される方法は層別分析である。層別

分析は、単純にはクロス集計表に帰着する。つまり、ある現象に影響するであろう原因を特定し、その原因をいくつかの層に分ける、例えば、総合満足度について、購入商品のグレードによって違いがあるということであれば、購入商品のグレード別（層）の平均や構成比を層間の差異の程度によって影響を分析する。この場合、原因の一つを特定して分析することになる。しかし、実際の分析では、原因はいくつか考えられるのが一般的である。そこで、クロス集計表でいえば、3元、4元クロス集計表を作成し分析する、つまり多段階の層別集計を行うことになる。現実には多段階の層別、特に4元以上のクロス集計表を分析することは容易ではない。また、層別する変数間に交互作用があると分析は容易ではない。

多段層別分析は、この多段階の層別を自動的に行う方法であり、AIDは自動交互作用検出法と訳することができることからもわかる。この方法は、Breiman et, al.（1984）により開発された。多段層別分析は、重回帰分析と同様に従属変数と独立変数といったデータ形式から分析を行う。重回帰分析は、回帰式を構成して従属変数の値を独立変数それぞれの値で予測しようとするモデルである。他方多段層別分析は、モデルを仮定せず、従属変数に影響する変数（層別）によって標本を分割していく方法である。分割していく際、2つに分割していく方法をCART（日本では、2進木解析法）といい、回帰分析（回帰2進木）と判別分析（分類2進木）に対応する（大滝厚、堀江宥治、Steinberg、1998）。

マーケティング・リサーチでは質的データで測定されることが多い。こうしたとき利用される方法にCHAIDがある。CHAIDは、3つ以上の分割が可能であり、分割はχ^2値をもとに行う。

【5】 予測・要因分析

① 重回帰分析と数量化Ⅰ類

顧客の総合満足度を、個別のサービス満足度から予測することができるだろうか、また予測するのにどの要因が重要なのだろうか、こうした

第Ⅵ章／データ分析の方法　163

仮説の検証に用いられる分析方法に、重回帰分析がある。重回帰分析は、モデルとして説明変数と被説明変数（従属変数・外的基準などとも呼ばれている）が仮定されており、データがともに間隔尺度以上の量的データで測定されている場合に用いられる。重回帰分析の目的は、被説明変数に対する説明変数の影響の大きさと方向を明らかにすることである。マーケティング・リサーチでは、説明変数が名義尺度で測定されていることも多い。こうした場合用いられるのが数量化Ⅰ類であり、説明変数が名義尺度、被説明変数が間隔尺度以上で測定されている場合に用いられる。重回帰分析と数量化Ⅰ類は、説明変数間は無相関あるいは相関が低いことが前提である。また、説明変数間の交互作用は考慮されておらず、被説明変数への影響は直線的かつ加算的であると仮定している。

　重回帰分析では、重回帰式全体の適合度を重相関係数によって評価するのが一般的である。重相関係数は、被説明変数の観測値と重回帰式により与えられる予測値の相関係数であり、0〜1の値をとる。観測値と予測値が完全に一致すると1になる。重相関係数の2乗は決定係数と呼ばれ、説明変数により被説明変数の変動の何％が説明されるかを表している。重相関係数は、説明変数の数が増えると高くなり、説明変数の数が（標本数－1）で1となる。そこで、説明変数の数を考慮した自由度調整済み重相関係数が用いられることもある。

　説明変数の評価は、偏回帰係数によりなされる。偏回帰係数は、被説明変数の観測値と予測値がなるべく一致するようにするという基準で推定されている。重回帰分析の目的である被説明変数に対する説明変数の影響は、偏回帰係数を比較することで行われる。しかし、説明変数の測定単位がまちまちである場合、偏回帰係数の大きさを直接比較することはできない。この場合、標準化された標準偏回帰係数を観察することになる。偏回帰係数は被説明変数を予測する際に用いられる。偏回帰係数の解釈は、共分散構造分析を参照（本書Ⅵ-6-〔6〕「共分散構造分析」）のこと。

　重回帰分析では説明変数の選択法に、総当たり法、変数減少法、変数増加法、変数増減法、変数減増法といった方法がある。

重回帰分析の適用に際して大きな問題となるのは、多重共線性の問題である。重回帰分析では、説明変数間が無相関ないしは相関が弱いことを仮定している（重回帰分析では、説明変数を独立変数ということでもわかる）。しかし、マーケティング・リサーチで収集されるデータは、説明変数が無相関ないし弱い相関関係にあることはあまり考えられず、多重共線性の問題は深刻である。多重共線性の診断にはいくつかの方法がある。もっとも簡単な方法は、説明変数と被説明変数の相関係数の符号と、偏回帰係数の符号が一致しているかを確認することである。一致していないようであれば、多重共線性を疑ってみる必要がある。その他、ソフトウェアによっては多重共線性診断を出力することがあり、それらを参考にする必要がある。また、事前に説明変数間の相関行列を観察して、多重共線性が疑われる場合は、主成分分析や数量化Ⅲ類により似た項目をまとめるといった方法をとる必要がある。

　説明変数が質的データ（名義尺度で測定されている）の場合の分析方法として、数量化Ⅰ類がある。数量化Ⅰ類では、名義尺度で測定されている説明変数をダミー変数化することで重回帰分析と同じモデルに帰着する。ダミー変数は、0と1の2つの値で表した変数であり、変数ごとに反応のあるカテゴリーに1、反応がないカテゴリーに0を用いてダミー変数化する。例えば、性別であれば、男に0、女に1を与えればよい。ダミー変数は「カテゴリー数－1」個となる（島崎、2008）。

　数量化Ⅰ類でも、モデル全体の評価は重回帰分析と同様に、重相関係数と決定係数で評価される。アイテムの有効性は、レンジ、偏相関係数で評価される。レンジは、各カテゴリー（性であれば男と女）ごとにカテゴリー・ウェイト（カテゴリー・ウェイトは、被説明変数の数量をもっともよく予測するという基準に基づいて、アイテムの各カテゴリーに与えられた数量である）が算出され、もっとも大きなカテゴリー・ウェイトともっとも小さなカテゴリー・ウェイトとの差がレンジと呼ばれるものである。このレンジの大きい変数が、被説明変数への影響の強い変数ということになる。ただし、レンジは標準化された係数ではない。レンジは、アイテムのカテゴリー数やカテゴリー間の度数の偏りの影響を

受けることから、影響を評価する際注意が必要である。これに対し、偏相関係数は標準化された係数である。このため、レンジと偏相関係数の両方から有効性を評価する必要がある。レンジが大きい場合、偏回帰係数も大きいのが通常である。レンジが大きい（小さい）のに偏相関係数が小さい（大きい）といったケースは、カテゴリー間の度数の偏りを確認する必要がある（田中、脇本、1983；駒沢、橋口、石橋、1998）。

　数量化Ⅰ類でも多重共線性の問題がある。多重共線性の検出はクロス集計表の観察や連関係数を算出することにより説明変数間の独立性を検討する必要がある。

② 判別分析と数量化Ⅱ類

　判別分析は重回帰分析と並ぶポピュラーな予測手法である。重回帰分析は、外的基準が量的データであるときに適用される手法であり、判別分析は外的基準が質的データ（分類を表している）であるときに適用される手法である。

　ある商品を「購入者」と「非購入者」に分類したとき、性別、年齢、職業などといった個人属性から判別することができるだろうか、また判別するのにどの要因が重要なのだろうか、こうした仮説の検証や影響要因の探索に用いられる分析方法に判別分析がある。

　判別分析では、判別に用いる関数を構成する項目について分類が未知である標本が得られたとき、それを分類しようと考えているのである。そのとき、判別に寄与している説明変数を探索することもできる。

　判別結果全体の評価は、的中率により行うことができる。的中率は全体の的中率ばかりでなくグループごとの的中率を検討する必要がある。なお、グループ間の標本数が大きく異なる場合、標本数の少ないグループの的中率が悪くても、全体の的中率が高くなることがある。

　判別に用いた説明変数の評価は、標準化された判別係数により行われる。具体的な判別は、判別得点の平均値である判別空間におけるグループの重心に対する距離により、近い方のグループに判別される。また判別係数がマイナスの値をとる説明変数は、判別空間におけるグループの

重心からマイナス側の群、プラスの値をとる説明変数はプラス側の群の判別に寄与していることがわかる。

判別分析では、説明変数間の相関が高いと分析結果が歪むことになる。事前に相関係数を観察し、説明変数間の相関係数が低い変数を選択する必要がある。あるいは、主成分分析や数量化Ⅲ類により説明変数をまとめておく必要がある。

判別分析は、説明変数が量的データ、被説明変数が分類として測定されている場合に用いられるが、マーケティング・リサーチでは説明変数が名義尺度で測定されていることも多い。こうした場合に適用されるのが数量化Ⅱ類であり、説明変数が名義尺度、外的基準が分類として測定されている場合に用いられる。数量化Ⅱ類も、数量化Ⅰ類と同様に、説明変数をダミー変数化することで判別分析と同じモデルに帰着する。

数量化Ⅱ類でも判別分析と同様に、2つの群を明瞭に分離するという基準で合成変数をつくることになる。このときの、各カテゴリーの重みがカテゴリー・ウェイト（カテゴリー・ウェイトは、被説明変数の分類をもっともよく判別するという基準に基づいて、アイテムの各カテゴリーに与えられた数量である）と呼ばれる。各カテゴリー（性であれば男と女）ごとにカテゴリー・ウェイトが算出され、もっとも大きなカテゴリー・ウェイトともっとも小さなカテゴリー・ウェイトとの差がレンジと呼ばれる。このレンジが大きい変数が、被説明変数への影響の強い変数ということになる。ただし、レンジは標準化された係数ではない。これに対し偏相関係数は標準化された係数である。このため、レンジと偏相関係数の両方から有効性を評価する必要がある。数量化Ⅱ類でも多重共線性の問題がある。

③ コンジョイント分析

コンジョイント分析は、マーケティング・リサーチで適用されることの多い分析方法である。実際には、専用プログラムがなくても、重回帰分析が実行できるプログラムがあれば分析可能である。

コンジョイント分析の典型的な応用は新製品開発や新規事業計画であ

る。とくに、新製品開発での応用が多くみられ、応用範囲はコンセプト評価、競合分析、価格設定、セグメンテーションなど多岐にわたる。また、コンジョイント分析が有効な分析方法であるのは、シミュレーションによるコンセプトの探索性やシェア予測にもある。

　消費者の選好分析は、合成型モデルと分解型モデルに大別される。アプローチ方法としては、合成型は期待価値アプローチ（多属性態度アプローチ）、分解型はコンジョイント分析ということになる。

　コンジョイント分析でのデータ収集方法はフル・プロファイル法（全概念法）、二因子一覧法（トレード・オフ法）、一対比較法がある（岡本眞一、1999）。この中では、フル・プロファイル法の利用が多い。この他、近年注目されている方法にハイブリッド・アプローチがある（岡本、1999；島崎、大竹延幸、2003）。ハイブリッド・アプローチは、パソコンによるデータ収集の可能性という環境に負うところが大きく、インターネット・リサーチなどで利用されることが多い。本項では、利用頻度の高いフル・プロファイル法を解説する。

　フル・プロファイル法によるコンジョイント分析では、デザイン行列から作成された各プロファイルが評価され、そこからパラメータが推定される。パラメータを推定するアルゴリズムがいくつか開発されている。代表的なものに、MONANOVA、TRADEOFF、最小2乗法、ACA、CBCなどがある。

　i 番目のプロファイルに対する選好度を y_i とすると、コンジョイント・モデルは次のように定式化される。

$$\hat{y}_i = \beta_0 + \sum u_{ij} \qquad \cdots\cdots\cdots\cdots 6.29$$

部分効用値 u_{ij} の推定は6.30式により計算される。

$$u_{ij} = b_i d_{ij} \qquad \cdots\cdots\cdots\cdots 6.30$$

　　　　d_{ij}：デザイン行列の要素の値
　　　　b_i：部分効用関数の推定値ベクトル

　加法コンジョイント分析では、d_{ij} はダミー変数化された行列である。線形モデルとして分析を行う場合は、水準の値がデザイン行列の要素と

なる。つまり、選好度データが従属変数、デザイン行列の各要素が独立変数ということになる。このため、重回帰分析を解くことができるプログラムがあれば、コンジョイント分析を実行することができるということになる。水準間に線形を仮定できる場合は、水準の番号をそのままデータとして利用することができる。一方線形が仮定できない場合は、ダミー変数化して分析を実行する必要がある。

コンジョイント分析は、いくつかの問題点が指摘されている。主な問題点は、

- ・属性間に交互作用がある場合
- ・属性数が多い場合
- ・価格属性の取り扱い
- ・選好データの尺度水準
- ・シェアや購入確率の推定

といった点である（武藤眞介、朝野煕彦、1986：島崎、大竹、2002）。

●表Ⅵ-14　コンジョイント分析での選好度の測定方法

	測定方法	回答のしやすさ	データ処理
順位法	購入したい順に1位からフルランキング	極めて回答しにくく、負担大	必要ない
一対比較法	一対化し全ての組み合わせを評価する	個々の一対比較は回答しやすいが総判断回数が大	順位化する
スコア法	各カードを購入したい程度に応じて10点（100点）で評価する	比較的容易（回答の分散が小さくなることがある）	必要ない
評定尺度法	5段階ないし7段階の尺度で評価する	比較的容易（回答の分散が小さくなることがある）	必要ない（Top BOXへの回答率で順位化する方法などもある）
多項選択法（MA）	好きなもの（購入したい）をいくつでも選ばせる	極めて容易	回答率で順位化する

（出典：武藤眞介、朝野煕彦「新製品開発のためのリサーチ入門」p.157より加筆、修正）

フル・プロファイル法によるコンジョイント分析では、プロファイル（カード）ごとに選好度を測定する必要があり、測定方法にはさまざまな方法がある。測定方法、回答のしやすさ、データ処理を表Ⅵ-14にまとめておく（武藤、朝野、1986）。

【6】 共分散構造分析

共分散構造分析の大きな特徴は、柔軟なモデル構成力にある。従来の多変量解析法は数理モデルがあり、そのモデルにデータの形式を当てはめることで分析を行う。他方、共分散構造分析では、データの形式に合わせてモデルを構成することも可能である。

共分散構造分析では、観測変数間の共分散を、モデルに基づいたパラメータ（分散、共分散、パス係数）の関数として表現し、その式から計算された共分散が実際のデータから計算された共分散の値と近似するようにモデルのパラメータを推定する。模式的には、実際の共分散＝モデルに含まれる分散・共分散・パス係数、と考えている（豊田秀樹、1998）。

例えば、サービス満足度調査を実施したとする。測定アイテムとして①総合満足度、②ディーラー満足度、③サービス工場満足度、④サービスマン満足度、⑤セールスマン満足度、⑥製品満足度、⑦対応満足度といったデータが測定されているとする。これらのデータから、満足度モデルを構成してみる。モデル中、四角は観測変数、楕円は構成概念（潜在変数）を表している。

図Ⅳ-3に示す重回帰モデルは総合満足度を、ディーラー満足度、サービス工場満足度、セールスマン満足度、サービスマン満足度が加算的にそれぞれ独立に影響を与えているというモデルである。こうした図をパス図といい、図中の矢印をパスという。パスは影響の方向を表している。共分散構造分析ではパスの値を推定することになる。パスが引かれているということは影響を与えている。一方パスが引かれていないということは、影響を与えていないということになる。

総合満足度に対し販売店満足度が直接与える影響を直接効果という。

一方、セールスマンを介して与える影響を間接効果という。図Ⅵ-4に示す間接効果は、販売店満足度からセールスマン満足度に引かれたパスの値と、販売店満足度から総合満足度に引かれたパスの値の積により計算される。直接効果は、販売店満足度とセールスマン満足度が総合満足度に与える影響（変化量）であり、他の変数が一定であるとしたときの

●図Ⅵ-3　重回帰モデル

ディーラー満足度 → 総合満足度
サービス工場満足度 → 総合満足度
セールスマン満足度 → 総合満足度
サービスマン満足度 → 総合満足度

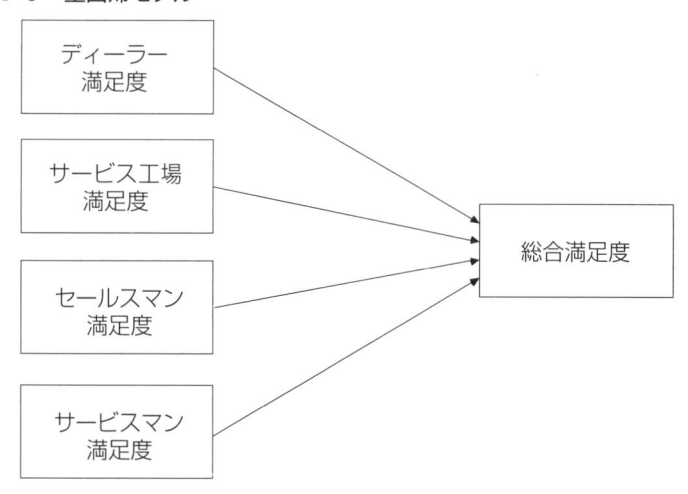

●図Ⅵ-4　間接効果

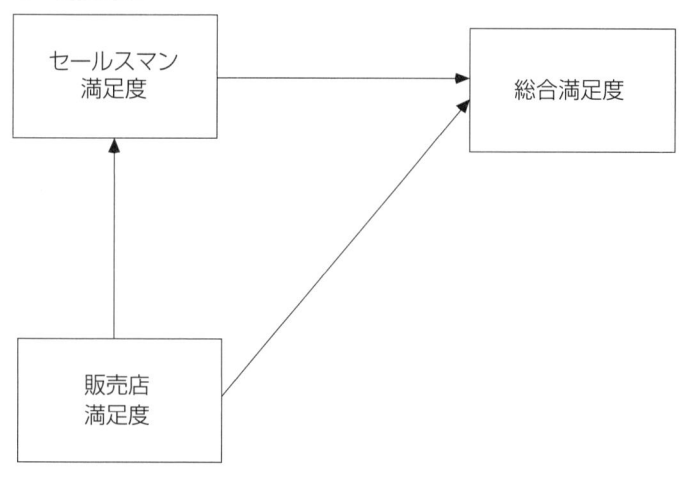

販売店満足度 → セールスマン満足度 → 総合満足度
販売店満足度 → 総合満足度

第Ⅵ章／データ分析の方法

変化量である。例えば、セールスマン満足度の値が一定としたとき、販売店満足度を1単位変化させたときの総合満足度の変化量ということになる。間接効果は、総合満足度はセールスマン満足度の影響を受けるが、そのセールスマン満足度は販売店満足度の影響を受けるという連鎖を表している。間接効果は、販売店満足度を1単位変化させたときのセールスマン満足度を介した総合満足度の変化量ということになる。直接効果と間接効果の和を総合効果という（総合効果＝直接効果＋間接効果）。

図Ⅳ-5に示す多重指標モデルは、因子分析と重回帰分析を併せたモデルと考えることができる。モノ因子、ヒト因子、CSI（顧客総合満足度）という部分のモデルは因子分析モデルである。この部分を測定方程式という。モノ因子、ヒト因子からCSIに引かれたパスの部分は重回帰モデルである。この部分を構造方程式という。

●図Ⅵ-5　多重指標モデル

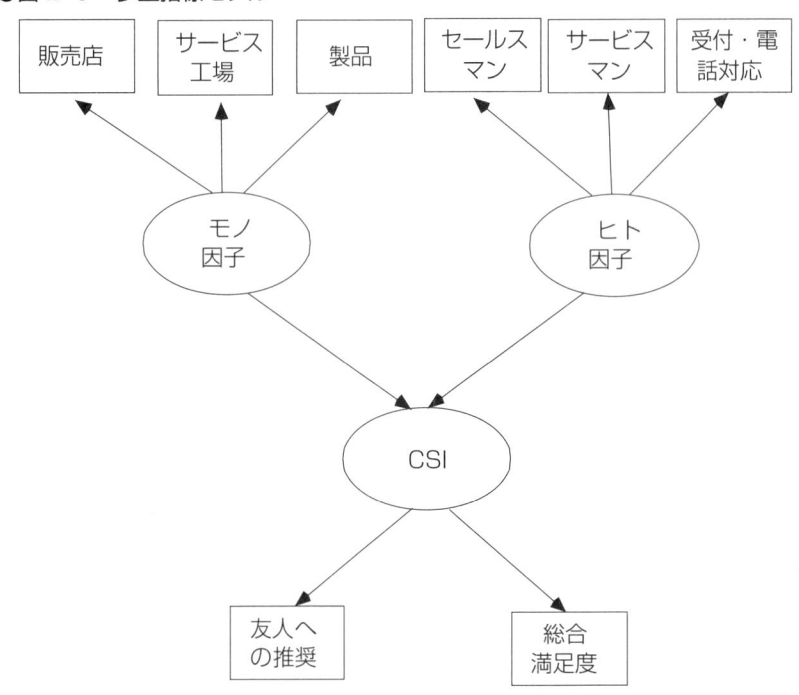

このように共分散構造分析は、柔軟にモデルを構成することができる。これは、モデルを構成し、モデルに合わせてデータを収集したとき、そのデータから柔軟なモデルを構成し分析できることを表している。共分散構造分析は、構造方程式モデル（SEM）とも呼ばれている。

第VII章 今後のマーケティング・リサーチ

1 調査機関への発注が2極化

　今後のマーケティング・リサーチについて、リサーチを発注する側と受注する側との関係でみると、企業側のオーダーによって2極化していくものと推察できる。ひとつは実査を中心としたローデータの収集に特化したサプライヤー機能であり、極端にいえば調査企画、調査票の作成、データの集計・分析は企業側で実施するというケースである。この場合、受注側は正しく、早く、安い予算で実施することが要求される。簡単な調査テーマや定型化されたリサーチなどは、この形が多用されるだろう。インターネット・リサーチの普及がこれらのニーズに頻繁に対応する。他方、調査の企画から始まって、実査、集計、分析、提言までのコンサルタントに近い機能が求められるケースが発生する。これはマーケティング課題の整理から、アプローチ策の検討(リサーチ・デザインの検討)、収集されたデータの解析、そこから得られるアクション・プランの策定など、実査の前と後に重きが置かれたニーズで、マーケティング・リサーチの本来的機能である課題解決の手段として活用されるケースといえる。もちろん、この場合も実査の手法としてインターネット・リサーチが使われることはある。

　このように、インターネットの普及はマーケティング・リサーチ手法に変革をもたらした。この典型例が企業自らが顧客をネット上に抱え込

み、それらを使った多様なアンケートの実施である。また、お客様相談室に顧客の生の声が多く寄せられており、これらの情報の分析および活用もマーケティングにとって重要となっている。さらに、営業サイドで収集される顧客情報も多い。このように、企業の有する市場の声、顧客の声に関する情報は多岐にわたっており、今後は企業自身が調査を実施する場合と第3者（リサーチ会社など）に発注する場合の使い分けになるだろう。

　そこで、企業は自ら実施する場合、マーケティング・リサーチの専門性をもった人材をどう確保し、育成するかが問題となる。簡単なアンケートであれば自前で実施することが可能であるが、マーケティング課題と連動し、その課題解決のためのリサーチを実施しようとする場合は、一定の手順を踏んで行うためにプロ（リサーチ会社など）の目が必要となる。特に、内部だけではみえにくい課題や問題を、生活者や市場の動向に精通したプロにみてもらうことにリサーチ会社の存在意義がある。リサーチ会社には最先端の実査手法や分析手法も蓄積されており、「使い分け」の時代とはいっても課題によってはプロを意図的に活用するべきである。

　最近はマーケティング・リサーチもROIが求められており、調査予算がムダにならないためには企画から結果の活用までを考えて実施することが肝要であり、自社内で実施する、しないは課題とアプローチの難しさで判断するべきである。

　図Ⅶ-1、図Ⅶ-2は、2006年に㈳日本マーケティング協会が実施した「企業におけるマーケティング・リサーチの現状」という調査における「外部調査機関への発注方法」、「外部調査機関の選択重視点」である。

　図Ⅶ-1にみるように、発注の仕方としては「テーマによって得意としているところに発注」が68％と圧倒的に多く、リサーチ会社により優れた専門性を求めている。次いで、「企画内容や提案のよいところに発注」となっており、リサーチ会社の企画・提案力が求められている。これらは図Ⅶ-2にみられるように、外部調査機関の選択重視度にも表れており、調査結果の分析力やそれに基づく提案力があげられている。そ

● 図Ⅶ-1 外部調査機関利用時の発注方法

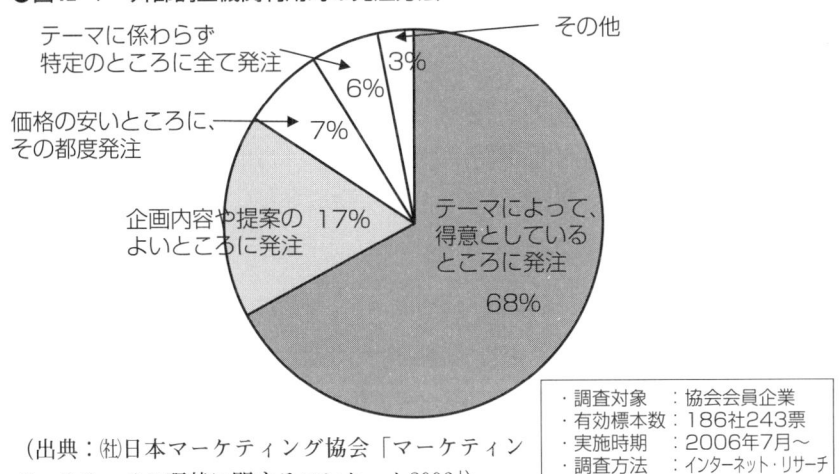

- テーマに係わらず特定のところに全て発注 6%
- その他 3%
- 価格の安いところに、その都度発注 7%
- 企画内容や提案のよいところに発注 17%
- テーマによって、得意としているところに発注 68%

・調査対象　　：協会会員企業
・有効標本数　：186社243票
・実施時期　　：2006年7月～
・調査方法　　：インターネット・リサーチ

（出典：㈳日本マーケティング協会「マーケティング・リサーチの現状に関するアンケート2006」）

● 図Ⅶ-2　外部調査機関の選択重視事項（複数回答）

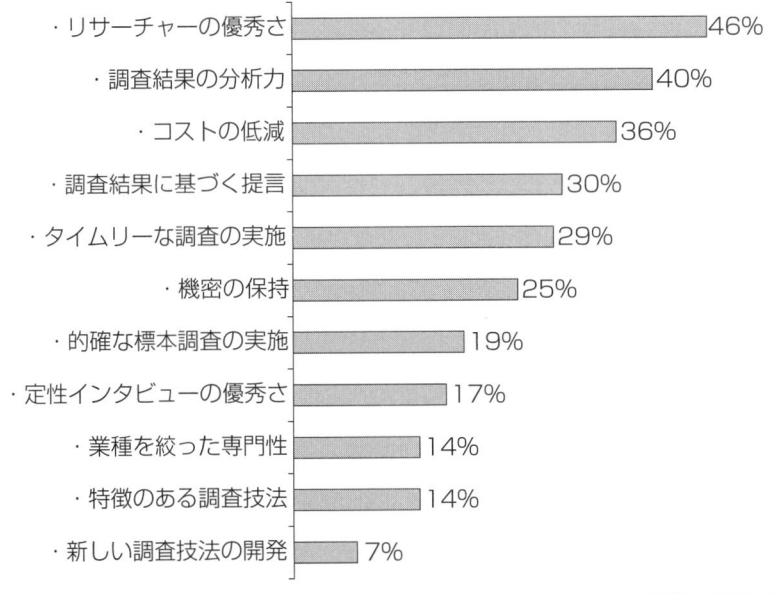

項目	%
・リサーチャーの優秀さ	46%
・調査結果の分析力	40%
・コストの低減	36%
・調査結果に基づく提言	30%
・タイムリーな調査の実施	29%
・機密の保持	25%
・的確な標本調査の実施	19%
・定性インタビューの優秀さ	17%
・業種を絞った専門性	14%
・特徴のある調査技法	14%
・新しい調査技法の開発	7%

（出典：㈳日本マーケティング協会「マーケティング・リサーチの現状に関するアンケート2006」）

して、大切なのはリサーチ会社に所属する「リサーチャーの優秀さ」が第1位にあげられていることである。発注側と受注側は組織対組織で対応しているのであるが、その媒介としてリサーチ会社の窓口機能を担当するリサーチャーの質が問われている。

ここで、窓口となるリサーチャー（担当者）に期待されていることをみると図Ⅶ-3のとおりである。みてわかるように、期待される領域はマーケティング・リサーチに係わる多様な専門性とマーケティングに係わる専門知識である。

●図Ⅶ-3　外部調査機関の担当者に対する期待（複数回答）

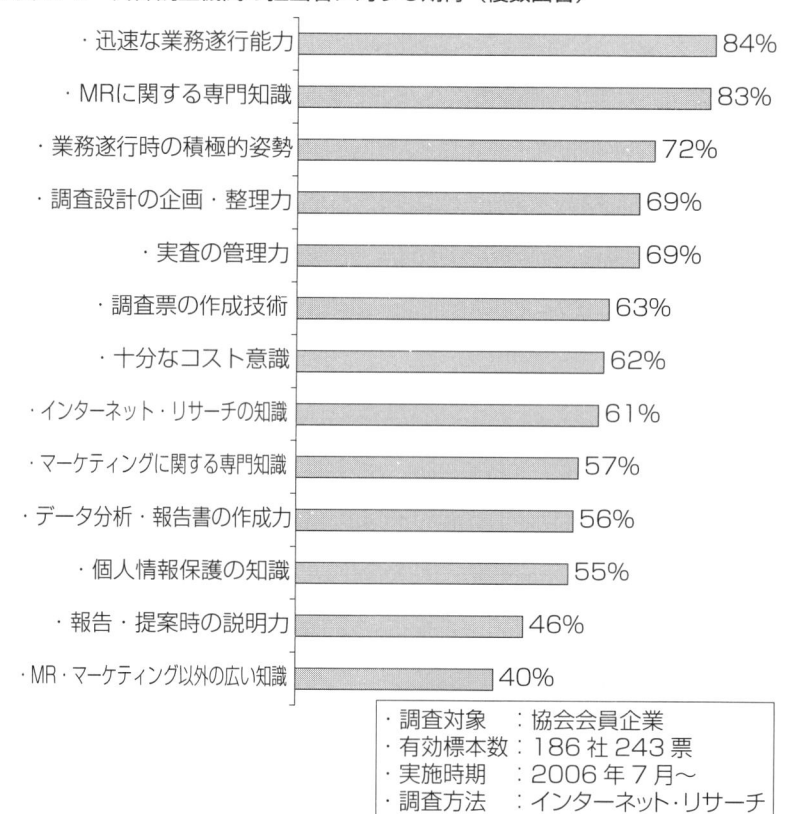

項目	割合
・迅速な業務遂行能力	84%
・MRに関する専門知識	83%
・業務遂行時の積極的姿勢	72%
・調査設計の企画・整理力	69%
・実査の管理力	69%
・調査票の作成技術	63%
・十分なコスト意識	62%
・インターネット・リサーチの知識	61%
・マーケティングに関する専門知識	57%
・データ分析・報告書の作成力	56%
・個人情報保護の知識	55%
・報告・提案時の説明力	46%
・MR・マーケティング以外の広い知識	40%

・調査対象　　：協会会員企業
・有効標本数　：186社243票
・実施時期　　：2006年7月～
・調査方法　　：インターネット・リサーチ

（出典：㈳日本マーケティング協会「マーケティング・リサーチの現状に関するアンケート2006」）

以上、発注側がリサーチ会社や所属するリサーチャーに期待することを述べたが、発注側もリサーチ会社に丸投げでは的確な結果は得られない。調査の背景や課題、目的を明確に伝え、その上で最適なアプローチ方策を立ててもらうことが重要である。その意味で、リサーチ会社との付き合いはある程度継続的に付き合うことがより効率的で、かつ効果的と考えられる。大切なのはリサーチ会社との信頼関係であり、担当者との良好なコミュニケーションであると考えられる。

2　リサーチ業界の動向

　2007年12月末現在、㈳日本マーケティング・リサーチ協会に所属する正会員社は140社である。ただし、2000年時点では75社であり、ここ数年で急速に拡大した。これはインターネット調査会社の参入とプライバシーマークの普及に基因している。この協会が加盟社に対し毎年実施している「経営業務実態調査」によると、2006年度の調査事業売上高は1,464億円（回答社数133社）で、回答社の前年売上高と比較すると5.8％ほど伸長した。加盟社数が増加しているので市場規模の伸びは正確には推計できないが、微増であることは理解できる。なお、この売上額は世界で＜6～7％＞のシェアを占める。

●表Ⅶ-1　調査事業売上高の推移

	2006年	2005年	2004年	2003年	2002年	2001年	2000年
回答社数	133	126	120	91	81	81	72社
調査事業売上高	146,387	132,765	126,849	119,202	112,252	112,331	百万円 100,166
(対前年伸率)	(5.8)	(4.7)	(5.4)	(4.1)	(1.9)	(2.3)	(7.4)
回答社における対前年売上高	138,340	126,843	120,326	114,504	110,177	109,851	百万円 93,250

　また、加盟社の売上規模別企業数をみると、表Ⅶ-2のように「1億円台以下」が39.1％を占め、「3億円台以下」まで含めると58.6％を占める。一方、「21億円以上」が12.8％を占めるが、この17社が総売上げ

の67%を占めている。業界全体としては中小企業の集まりであるが、極めて売上格差の大きい業界といえる。

●表Ⅶ-2　売上高規模別企業数（2006年）

売上規模	回答社数	回答社割合
1億円台以下	52	39.1
2〜3億円台	26	19.5
4〜5億円台	8	6.0
6〜10億円台	19	14.3
11〜20億円台	11	8.3
21億円台以上	17	12.8
	133社	100.0%

　さらに、加盟社に働く総従業員数は約4,000人で、1人当り売上高は約＜3,500〜3,700万円＞である。この1人当り売上高は10数年前と比べてもほとんど伸びておらず、調査業が労働集約的産業で、付加価値が付けにくいことを物語っている。調査業界は、より付加価値の高い高粗利益率（額）を獲得すべき専門家集団としての地位向上を図るべきである。

　次いで、調査の手法別変遷をみると表Ⅶ-3のように、インターネット・リサーチの占める割合が急拡大し、調査員調査（面接調査、訪問留置調査）の割合が激減している。加盟社に登録されている調査員の数は約＜27,000〜28,000人＞−複数社への登録を含む−といわれているが、募集、教育、維持というマネジメント上の問題だけでなく、他の仕事と比べた時にいかに魅力的な仕事として確立するかという調査員制度のあり方が今後の重要課題である。

● 表Ⅶ-3　調査手法別売上高構成比（アドホック調査を100とした場合）

(回答社数)	2006年 (119)	2003年 (80)	(参考) 1999年 (55)	1995年 (46)
訪問調査計	18.0	25.9	32	39
面接	8.3	13.0	16	22
留置・面接併用	4.8	5.8	8	10
留置	4.8	7.0	9	8
郵送	13.8	15.1	14	19
会場テスト（含．CAPI）	11.6	17.0	19	12
電話（含．CATI）	3.7	6.5	12	7
インターネット	29.1	14.1	2	－
街頭	1.3	2.3	3	2
観察	1.9	1.2	1	1
その他の量的調査	5.8	4.4	2	5
グループインタビュー	9.4	9.0	14	15
デプスインタビュー	2.5	2.7		
その他の質的調査	2.9	1.9		
	100.0	100.0	100.0	100.0

3　リサーチ業界の自主規制

　企業でマーケティング活動に携わる人々にとって、マーケティング活動の成果を説明する責任が益々重視されてきている。マーケティング・リサーチはその説明責任を証明するツールである。すなわち、マーケティング活動を評価するツールとして、リサーチにはプロセスの透明性、調査結果の信頼性などの説明責任が強く求められている。そこで、㈳日本マーケティング・リサーチ協会では、加盟社に調査の品質保証を求めて各種基準の遵守を要求している。特に、倫理綱領では個人情報を守ることが原則となっており、調査対象者の匿名性は厳守事項であり、収集された情報に基づく販売活動やプロモーション活動への利用は固く禁じられている。また、品質保証についても業界としての自主規制ではあるが、JMRQSを2002年4月から施行し、マーケティング・リサーチの企画設計から実査、集計、分析、報告までのプロセスごとに品質保証についての基準を定めている。

① マーケティング・リサーチ綱領
    マーケティング・リサーチの国際行動規範である「ICC/ESOMAR国際綱領の日本版」
② JMRQS（JMRAマーケティング・リサーチ・クオリティ・スタンダード）
    マーケティング・リサーチ実施のための品質管理基準、行動規範
③ 調査マネジメント・ガイドライン
    各種調査手法別のガイドライン
④ 個人情報保護に関するガイドライン
    プライバシーマークの指定機関として加盟社の取得認証

　リサーチ業界の自主規制と相まって、㈳日本マーケティング・リサーチ協会では、調査の品質マネジメント・システムの国際標準であるISO 20252（「市場・世論・社会調査-用語およびサービス要求事項」）の導入を検討している。

　これは、ISO9001（品質マネジメント・システム規格）の体系を市場・世論・社会調査に特化した品質管理規格として制定されたもので、全世界が一定の規制で調査品質保証をしようとするものである。すでにイギリスでは導入されており、日本での導入も間近に迫っている。この背景には、そもそも市場調査がもともと国際的な産業であり、普遍的な統計理論が根底にあることに基因している。

4 マーケティング・リサーチと法規制

　マーケティング・リサーチは、さまざまな情報を活用することが業務の前提である。企画から実査、集計、分析、レポート作成の各プロセスで、多様な情報と接触する。調査発注企業の経営情報や競合他社の新商品情報、ブランド・ロゴやパッケージをはじめ、コマーシャル内容や顧

客情報、営業情報やクレーム情報など多岐にわたる。企画情報や新商品開発情報、顧客名簿などの情報は不正・競争防止法や機密保持契約に基づく機密情報に属し、パッケージやロゴ・マークは意匠権や商標権によって保護されている。また、調査で収集された情報は、個人のプライバシーに属する情報として法的保護の対象である。これに個人の肖像権も関係してくる。

　このように、一連の調査プロセスは法令に抵触したり、他者の権利を侵害するリスクを内在しており、マーケティング・リサーチの実施にあたってはこれらに充分に配慮する必要がある。

・個人の人格的利益を守るもの
　・個人情報保護法
　・住民基本台帳法　…　2007年からマーケティング・リサーチ
　　　　　　　　　　　　のための閲覧禁止
　・不正アクセス行為の禁止等に関する法律
・知的財産の保護を目的とした無形財産に係わるもの
　・特許法
　・商標法
　・意匠法
　・著作権法
・経済的権益を守るもの
　・民法
　・PL法（製造物責任法）
　・不正競争防止法
　・不当景品及び不当表示防止法（独占禁止法の特例法）
・その他
　・刑法
　・道路交通法
　・消防法
　・鉄道営業法
　　　　　…　など

たとえば、街頭調査を実施する場合は、その道路を所轄する警察署へ道路使用許可を申請し、許可を得る必要があり、会場テストで「火」を使う場合は地元消防署に申請し、許可をもらう必要がある。駅で実施する場合も、該当駅の許可が必要である。マーケティング・リサーチに携わる人々は、これらの法令に精通しておくことが重要である。

5 調査業界の環境変化と今後の展望

　調査業界の環境変化は、前掲のデータ収集方法の変化と密接に関係している。調査員調査の長期低落傾向とインターネット・リサーチの拡大は、今しばらく続くものと考えられる。また、電話調査も、インターネット・リサーチの台頭によって減少するものと推測される。インターネット・テクノロジーの革新は調査データの収集、集計、分析にとどまらず、報告、蓄積、提案などの幅広い領域に拡大し、マーケティング・リサーチへの影響は多様な局面に生じるものと考えられる。情報収集源である調査対象が情報発信源になる今日、インターネット・リサーチの信頼性や機密性をいかに担保するかは大きな課題である。また、個人情報保護法に代表されるプライバシー保護の意識は定着し、調査協力率の低下も危惧される。さらに、他業界からの参入も予測がつかない。

　マーケティング・リサーチは、日本経済の発展とともに成長してきた産業である。しかし、顧客の需要には限界がある。その意味で成熟産業として位置づけ、これを打破していくために需要先である顧客の拡大（営利企業だけでなく、非営利団体への拡大など）を図るべきである。他方、環境変化に対応した新しい理論武装や手法開発、コスト低減努力が不可欠で、しかもグローバル・スタンダードとしての品質保証が必須である。調査業界を担う人材には今まで以上にプロのリサーチャーが求められ、マーケティング課題を理解する能力と課題解決策を立案し、提言する能力が重要となる。企業（顧客）と調査会社の関係は基本的に受発注の関係であるが、よりパートナーという関係になっていくものと考えられる。さらに、調査協力率の低下、拒否率の増加などを考えると、調査業界の

ステークホルダー（企業、調査対象者、研究者など）のすべてに対してマーケティング・リサーチの社会貢献を明示し、その啓蒙活動の実施も必要である。

　以上、今後のマーケティング・リサーチの環境を取り巻く動向について述べてきたが、重要なのは今日的マーケティング・リサーチは「課題解決のための手段」であることを再認識することである。あくまでも、最初に課題ありきで、その課題解決のためのアプローチ策を考えることにマーケティング・リサーチの醍醐味がある。したがって、リサーチャーには多様な知見と専門性が要求されており、それを学び研究する努力が必要である。マーケティング課題解決のためには「スピーディな意思決定と判断力」が必要で、そのためには「経済、景気の動向」はもちろん「生活者の意識、態度、ニーズの動向」、「マーケティング・リサーチ理論と技法」、「競合他社や競合品の動向」、「製品開発、コミュニケーション、ブランド、流通、価格、サービスなどに関する今日的戦略論」、「解析としての統計理論」などに精通することが重要である。中でも、(イ)事実を把握する力、(ロ)変化を予知する力、(ハ)それを支える価値観、本質をとらえる市場洞察力がもっとも重要な資質と考えられる。

＜参考文献＞

- アーカー，D. A. ＆デイ，G. S., 石井淳蔵、野中郁次郎訳『マーケティング・リサーチ―企業と公組織の意思決定―』第12版、白桃書房、2004年
- 飽戸弘『社会調査ハンドブック』日本経済新聞社、1987年
- 朝野熙彦『マーケティング・リサーチ工学』朝倉書店、2000年
- 朝野熙彦、上田隆穂『マーケティング＆リサーチ通論』講談社、2000年
- 天坂格朗、長沢伸也『官能評価の基礎と応用』日本規格協会、2000年
- 一の瀬裕幸「ISO20252の成立経緯とその普及対策について」『ESTRELA』第169号、㈶統計情報開発センター、2008年
- 岩崎学『統計的データ解析入門実験計画法』東京書籍、2006年
- 岩原信九朗『教育と心理のための推計学』日本文化科学社、1983年
- 大滝厚、堀江宥治、Steinberg, D.,『応用2進木解析法　CARTによる』日科技連出版社、1998年
- 岡太彬訓、今泉忠『パソコン多次元尺度構成法』共立出版、1994年
- 岡本眞一『コンジョイント分析』ナカニシヤ出版、1999年
- 駒沢勉、橋口捷久、石橋龍二『新版パソコン数量化分析』朝倉書店、1998年
- 後藤秀夫『改訂新版市場調査マニュアル』みき書房、1987年
- 近藤光雄『マーケティング・リサーチ入門』第3版、日本経済新聞社、2004年
- 近藤光雄、小田宜夫『マーケティング・リサーチの実際』日本経済新聞社、2004年
- 佐藤信『官能検査入門』日科技連出版社、1978年
- 佐藤信『統計的官能検査法』日科技連出版社、1985年
- 佐藤武嗣「RDD電話調査」林知己夫編『社会調査ハンドブック』朝倉書店、2002年
- 島崎哲彦「電子調査の現状と課題」『よろん・世論調査協会報』No.78、㈶日本世論調査協会、1996年

- 島崎哲彦編『社会調査の実際―統計調査の方法とデータの分析―』第六版、学文社、2008年
- 島崎哲彦、大竹延幸「Conjoint分析における価格属性の問題点」『東洋大学社会学部紀要』No.40-3、東洋大学社会学部、2002年
- 島崎哲彦、笠原耕三、大竹延幸「インターネットを利用した調査法の検討」『東洋大学　社会学部紀要』No.38-2、東洋大学社会学部、2001年
- 島崎哲彦、坂巻善生編『マス・コミュニケーション調査の手法と実際』学文社、2007年
- 芝祐順『因子分析法第2版』東京大学出版会、1979年
- 鈴木達三、高橋宏一『標本調査法』朝倉書店、1998年
- 鈴木裕久、島崎哲彦「情報機器を利用した調査法の検討（その２）」、『東京大学社会情報研究所調査研究紀要』No.5、東京大学社会情報研究所、1995年
- 鈴木裕久、島崎哲彦『新版・マス・コミュニケーションの調査研究法』創風社、2006年
- 東京大学教養学部統計学教室編『基礎統計学Ⅰ　統計学入門』東京大学出版会、1991年
- 豊田秀樹『共分散構造分析［入門編］』朝倉書店、1998年
- 土屋隆裕「数量化理論入門」日本行動計量学会、第2回春の合宿セミナー資料、1999年
- 田中豊、脇本和昌『多変量統計解析法』現代数学社、1983年
- 中村義作『よくわかる実験計画法』近代科学社、1997年
- ナレシュ.K.マルホトラ著、小林和夫訳、日本マーケティング・リサーチ協会監修『マーケティング・リサーチの理論と実践―理論編―』同友館、2006年
- ナレシュ.K.マルホトラ著、三木康夫、松井豊監訳、日本マーケティング・リサーチ協会監修『マーケティング・リサーチの理論と実践―技術編―』同友館、2007年
- 西田春彦、新睦人編著『社会調査の理論と技法(Ⅰ)―アイディアからリサーチへ』川島書店、1976年

- 西平重喜『統計調査法』改訂版、培風館、1985年
- 日科技連官能検査委員会編『新版　官能検査ハンドブック』日科技連出版社、1973年
- ㈳日本マーケティング・リサーチ協会『調査マネージメント・ガイドライン』1998年
- ㈳日本マーケティング・リサーチ協会編『マーケティング・リサーチ用語辞典』同友館、1995年
- 林知己夫編『社会調査ハンドブック』朝倉書店、2002年
- 林知己夫、村山孝善『市場調査の計画と実際』第6版、日刊工業新聞社、1970年
- 林英夫、上笹恒、種子田實、加藤五郎『体系　マーケティング・リサーチ事典』同友館、1993年
- 原純輔、海野道郎『社会調査演習』東京大学出版会、1984年
- 肥田野直、瀬谷正敏、大川信明『心理教育　統計学』培風館、1961年
- 古川秀子『おいしさを測る　食品官能検査の実際』幸書房、1994年
- 二木宏二、朝野熙彦『マーケティング・リサーチの計画と実際』日刊工業新聞社、1991年
- 増山栄太郎、小林茂雄『センソリー・エバリュエーション―官能検査へのいざない―』垣内出版、1989年
- 森敏昭、吉田寿夫編著『心理学のためのデータ解析テクニカルブック』北大路書房、1990年
- マンジョーニ，T. W., 林英夫監訳『郵送調査法の実際』同友館、1999年
- 武藤真介、朝野熙彦『新製品開発のためのリサーチ入門』有斐閣、1986年
- 吉田正昭、村田昭治、井関利明『消費者行動の調査技法』丸善、1969年
- 鷲尾泰俊『実験計画法入門』日本規格協会、1974年
- Wiseman, F., "Methodological Bias in Public Opinion Surveys", *Public Opinion Quarterly,* 36, Spring 1972.
- Schwartz, N. & Pratt, C. H.：Simultaneous vs successive presentation in a paired comparison situation, Food Res., Vol. 21, 1956

＜報告書・資料＞
- 総務省「平成19年通信利用動向調査」の結果、2008年（http://www.johotsusintokei.soumu.go.jp/statistics/data/080418_1.pdf#search='総務省平成19年通信利用動向調査'）
- ㈶日本規格協会「ISO／20252」（http://www.webstore.jsa.or.jp/webstore/ISO/Search.jsp?lang=jp）
- ㈳日本マーケティング協会「JMAマーケティング定義」、1990年（http://www.jma-jp.org/）
- ㈳日本マーケティング・リサーチ協会被調査者の調査研究委員会編「平成18年度調査技術研究部会報告書」、2007年（http://www.jmra-net.or.jp/index.html）
- ㈳日本マーケティング協会「マーケティング・リサーチの現状に関するアンケート2007」報告、2007年
- ㈳日本マーケティング・リサーチ協会「第33回経営業務統計実態調査2007」報告、2008年（http//www.jmra-net.or.jp/）

索　　引

[あ]
アイテムカテゴリー・データ　159
暗示効果　107
アンバランス尺度　66

[い]
1グループ事前・事後調査実験　99
位置効果　105
一様性の検定　135
一対比較テスト　114
一対比較法　67,110,117,168
一定化　97
色対比　107
因子分析　158
インスペクション　74

[う]
ウエイト・バック集計　47,48

[え]
エディティング　78

[お]
オープン方式調査　90

[か]
会合数　109
回収率　23,35,74
会場テスト（CLT・ホールテスト）　116
階層的クラスター分析　161
χ^2検定　133
χ^2分布　134
外的妥当性　100
カウンターバランス　108
価格政策　11

確率抽出法　39
確率比例2段抽出　41
仮説検証的アプローチ　20
片側検定　131
カテゴリー・ウェイト　165,167
カテゴリー化　79
カテゴリー数　68
カテゴリー・スコア　160
間隔尺度　70
関西圏　22
観察法　16
感性（官能）品質　101
間接効果　171
完全関連　126
完全無作為化計画　113
官能検査　101
官能評価　102

[き]
企業ブランド政策　12
記号効果　105
期待効果　107
期待値　135,138
帰無仮説（H_0）　129
偽薬効果　107
キャラクター形式　80
強制選択尺度　66
共分散構造分析　170

[く]
クラメールの連関係数　127
繰越効果（キャリーオーバー効果）　33,62
グループ・インタビュー　15
クロス集計　82
グローバル戦略　13

索　　引　*191*

[け]
系統抽出法　40
欠損値　83
元　156
検知閾値　120

[こ]
広告宣伝政策　11
交互作用　110
コーディング　79
交絡　97,112
顧客満足（CS）　4
国際標準化機構（ISO）　28
コクランのQ検定　137
語句連想法　68
コレスポンデンス分析　159
コンジョイント分析　167
コントロール品（対照品）　100

[さ]
最大関連　126
最頻値　124
算術平均　123
3相3元データ　156
3点識別法　118
3点比較法　118
参与観察法　17

[し]
シェッフェの一対比較検定　150
シェッフェ法　118
刺激閾（絶対閾）　120
嗜好型官能評価　102
事後調査・事前・事後調査実験　99
事後調査実験　98
事実探索的アプローチ　20
市場情報管理政策　12
事前・事後調査実験　98
実験　16

実験室実験（CLT）　16
実験者効果　107
実験調査法　96
四分点相関係数　127
尺度　69
尺度型　65
集計計画　25,77
主成分負荷量　157
主成分分析　157
首都圏　22
重回帰分析　164
重相関係数　164
順位相関係数　127
順位法（ランキング）　117
順序効果　104
順序尺度　69
自由回答　63
自由面接調査　15
詳細面接調査　15,91
商品政策　11
初期効果　106
初票点検　73
処理群　97
剰余変数　97,110,113
新規事業戦略　12
深層面接法（デプス・インタビュー）　15
心理的・生理的な効果　103

[す]
推測法　58,68
数値配分型　64
数量化Ⅰ類　165
数量化Ⅱ類　167
数量化Ⅲ類　159
数量型　64
スキッピング　74
スチューデント化された範囲　150,154
ステレオタイプ　57

[せ]
正規分布　124
絶対尺度　67
絶対評価　119
説明会　72
説明変数の選択法　164
潜在因子　158
選択法　117

[そ]
相　156
層化抽出法　46
相関係数　125
総合効果　172
相対尺度　66
双対尺度法　159
相対評価　119
ソロモンの4群デザイン　99

[た]
対照群　97
第一種の過誤　130
代替標本　53
第二種の過誤　130
代人記入　34,74
対比効果　106
タイム・サンプリング　48
対立仮説（H_1）　129
多項分類型　64
多次元尺度構成法　160
多重比較（ライアン法）　136,150
多段層別分析（AID）　163
多段抽出法　46
ダブル・バーレル　58
多変量解析　155
ダミー変数　160
単一選択式（SA）　64,117
単純尺度　66
単純集計　82

[ち]
逐次モナディック・テスト（シーケンシャル・モナディック・テスト）　114
チャット形式　90
中央値　124
調査完了標本　76
調査協力パネル（モニター）　89
調査主体　28
調査不能標本　76
直接効果　170
直接法（フィッシャーの正確確率検定）　135

[つ]
つり合い完全型計画　104
つり合い不完全型計画　109

[て]
データ・クリーニング　81
テューキーのHSD検定　150
デルファイ法　58
電話調査　24,36

[と]
投影法　68
等確率抽出法　47
統制的観察法　17
統制群　97
等分散検定　141
得点法　117
独立性の検定　138
留め置き調査　33

[な]
内的妥当性　99

[に]
二因子一覧法（トレード・オフ法）　168
二項分類型　64
2相2元データ　157

認知閾値　120

[は]
バイナリー形式　80
パネル対応があるデザイン　113
パネル対応がないデザイン　113
パネル調査　25, 37
パネル調査の国際標準　92
パネルの割り付け方法　110
パワーファクター　158
バランス化　98
バランス尺度　66
販売チャネル政策　11
判別分析　166

[ひ]
ピアソンの積率相関係数　125
非階層的クラスター分析　162
非強制選択尺度　66
非参与観察法　17
ヒストリー　97
非統制的観察法　17
標準化　134
標準偏回帰係数　164
標準得点　134
標準偏差　125
評定尺度型　66, 117
標本誤差　49
非類似度　160
比例尺度　70
疲労効果　106

[ふ]
フィールド調査　15
複数選択式（MA）　64, 117
不偏分散　141
プライバシー・マーク制度　70
プリ・コード形式　64
プリ・テスト　71
フル・プロファイル法(全概念法)　168

分散　125
分散分析　145
文章完成法　68
分析型官能評価　102

[へ]
平均値の標本誤差　50
偏差値　134
偏回帰係数　164
偏相関係数　165, 167
弁別閾　121

[ほ]
方向性評価　120
ホームユーステスト（HUT）　16, 116
母集団　38

[ま]
マスターサンプル　88
マックネマー検定　140
マーケティング組織政策　12
マーケット・セグメンテーション戦略　6

[み]
味覚対比　107

[め]
名義尺度　69
メイキング　74
メッシュ法　45
メーカー・ブランド・オープンテスト　115
メーカー・ブランド・ブラインドテスト　115
面接調査　32

[も]
モナディック・テスト　113

[や]
ヤードスティックY　154
山分け法　117

[ゆ]
有意水準　129
郵送調査　24,34
ユールの連関係数　127

[ら]
ライフ・スタイル（生活様式）　6
ライフ・ステージ　7
ラテン方格　109
乱塊法　113
乱数表　40
ランダム化　98
ランダム抽出法　40

[り]
略画完成法　68
両側検定　130
両極尺度　66
倫理綱領　181

[る]
類似度　160

[れ]
連関係数　126
レンジ　165,167
練習効果　106

[わ]
ワーディング　57
割合の標本誤差　51
割当抽出法（クォータ・サンプリング）　42

[C]
C/Pテスト（コンセプト／プロダクトテスト）　115
CATI　36
Cochran–Cox test　142

[I]
ISO20252　29

[L]
LA（制限回答式）　64

[R]
RDD法　48

[T]
t検定　141

[W]
Welch test（ウェルチ法）　142,143

【執筆者紹介】

近藤　光雄　　（「基礎編」Ⅰ章、Ⅳ章、Ⅶ章、「事例編」Ⅰ章、Ⅴ章）

島崎　哲彦　　（「基礎編」Ⅱ章、Ⅲ章）

大竹　延幸　　（「基礎編」Ⅴ章、Ⅵ章）

吉村　春彦（よしむら　はるひこ）　　（「事例編」Ⅱ章）
　　1947年　長野県生まれ
　　1970年　早稲田大学商学部卒業
　　現　在　㈱マーケッティング・サービス代表取締役
　　　　　　ハイパーリサーチ㈱代表取締役
　　　　　　専門社会調査士

前川　法夫（まえかわ　のりお）　　（「事例編」Ⅲ章、Ⅳ章、Ⅶ章）
　　1963年　大阪府生まれ
　　1987年　関西大学社会学部卒業
　　1989年　関西大学大学院社会学研究科修了（社会学修士）
　　現　在　㈱日本マーケティングシステムズ主任研究員

小田　宜夫（おだ　よしお）　　（「基礎編」Ⅳ章、「事例編」Ⅷ章、Ⅹ章）
　　1969年　東京都生まれ
　　1991年　自由学園最高学部卒業（経済専攻）
　　現　在　R&D　サービス・マーケティング開発室マネージャー
　　　　　　㈳日本マーケティング協会認定「マーケティング・マスター」
　　　　　　芝浦工業大学大学院工学マネジメント研究科非常勤講師

廣瀬　勝史（ひろせ　かつし）　　（「事例編」Ⅵ章）
　　1973年　東京都生まれ
　　1997年　筑波大学第三学群社会工学類経営工学専攻卒業
　　現　在　㈱マーケッティング・サービス営業企画部
　　　　　　日本マーケティング・リサーチ協会研修委員会委員長

橋本　周（はしもと　あまね）　　（「事例編」Ⅸ章）
　　1976年　東京都生まれ
　　1998年　芝浦工業大学システム工学部機械制御システム学科　卒業
　　現　在　株式会社マーケッティング・サービス営業企画部

【編著者紹介】

近藤　光雄（こんどう　みつお）
　1942年　東京都生まれ
　1967年　明治大学政治経済学部卒業
　1975年　慶応義塾大学ビジネス・スクール卒業
　1975年　㈱リサーチ・アンド・ディベロプメント入社、1982年同社取締役、
　1996～2004年　同社代表取締役
　現　在　㈱インデックス・アイ代表取締役

島崎　哲彦（しまざき　あきひこ）
　1946年　神奈川県生まれ
　1971年　立教大学社会学部社会学科卒業
　1989年　立教大学大学院社会学研究科修了（社会学修士）
　1997年　博士（社会学）
　1971～1996年　調査機関等を経て、ハイパーリサーチ㈱代表取締役社長
　1996年～東洋大学社会学部助教授
　現　在　東洋大学社会学部メディアコミュニケーション学科教授
　　　　　専門社会調査士、㈳日本マーケティング・リサーチ協会理事

大竹　延幸（おおたけ　のぶゆき）
　1955年　神奈川県生まれ
　1978年　國學院大學文学部卒業
　1997年　立教大学大学院社会学研究科修了（社会学修士）
　現　在　㈱マーケッティング・サービス取締役営業企画部本部長
　　　　　専門社会調査士、立教大学経営学部非常勤講師、東洋大学社会学部非常勤講師、日本大学法学部非常勤講師

課題解決型マーケティング・リサーチ〔基礎編〕

2008年9月19日　第1刷　Ⓒ

編著者　近藤光雄
　　　　島崎哲彦
　　　　大竹延幸
発行者　横川　修
発行所　生産性出版
　　　　〒150-8307　東京都渋谷区渋谷3-1-1
　　　　社会経済生産性本部
　　　　電話　03(3409)1132（編集）
　　　　　　　03(3409)1133（販売）

印刷／第一資料印刷
製本／イマヰ製本所

ISBN978-4-8201-1896-1
Printed in Japan

生産性出版

サービス・マーケティング
近藤隆雄
定番の教科書

サービスを商品として提供するための知識を体系的に14章で示す。サービス商品の分類、品質の測定、サービス・マーケティング・ミックス等。

A5判　344頁　税込2625円

顧客ロイヤルティー経営
平林隆
コミュニティー・マーケティング

人口減少社会でも顧客は増やせる。シニア市場を取り込む戦略を事例と図解でわかりやすく解説する。

A5判　158頁　税込2100円

すぐに使える顧客満足調査の進め方
三枝利隆
13のステップでお客様の心を数値化する

お客様の満足度を数値化する方法とは？CSリサーチの進め方を、初めての人にもわかりやすくQ＆A方式で解説。

A5判　169頁　税込1575円

「増子・中年化」社会のマーケティング
古田隆彦
人口減少を40の戦略でチャンスに変える

顧客（人口）が減っても売り上げは伸ばせる。逆転の発想から生まれた40の戦略で、人口減少をチャンスに変える事例・アイデアが満載の一冊。

四六判　382頁　税込2625円

苦情という名の贈り物［増補新装版］
バーロウ＋モーレル
顧客の声をビジネスチャンスに変える

苦情の概念を180度転換させ、多くの企業に影響を与え続けているロングセラー。新序文を収録し、原注、索引を充実。

四六判　316頁　税込2730円

ブランド流顧客サービス
バーロウ＋スチュワート
顧客満足を超える差別化

事例を交え、サービス現場で顧客にブランドロイヤリティを生み出す具体的な方法論を提示する。

A5判　221頁　税込2625円

経営品質入門［新版］
岡本正耿
効果的なセルフ・アセスメントの実践

「当たり前」を見直すには、どうすればよいのか。リーダーシップとビジョン、戦略思考とシステム思考、意思決定と学習など、「気づき」のイノベーションを導くために。

A5判　225頁　税込2100円

サービス・マネジメント入門［第3版］
近藤隆雄
ものづくりから価値づくりの視点へ

モノとサービスは何が違うのか？　サービスの特徴やマネジメント上のポイントをわかりやすく解説する。サービスを商品として提供するために知っておくべき基礎知識。

四六判　268頁　税込1890円

http://www.jpc-sed.or.jp
消費税5％込みの定価を表示しています。